מַסֶּכֶת סֻכָּה

מַסֶּכֶת סֻכָּה

עם ביאורים מאת

משה גרוס וגד מכטה

ואיורים מאת

חננאל תורגמן

ירושלים
קורן

משנאות
משנה נאה בהנאה

The Annotated and Illustrated Masekhet Sukka
Moshe Gross, Gad Machta
Illustrated by Hananel Turgeman

נוסח המשנה ופירוש הברטנורה לקוח ממהדורת ׳משנה סדורה׳.

׳משנאות׳ - מסכת סוכה
mishnaot@gmail.com

ספרי מגיד, הוצאת קורן
ת״ד 4044 ירושלים 9104001
טל׳: 02-6330530 פקס: 02-6330534

www.korenpub.com

תמונת העטיפה ועיצוב: חננאל תורגמן
סדר: מישל קפלן ׳רננה - עימוד ועיצוב ספרים׳

מסת״ב ISBN 978-965-526-214-8

נדפס בישראל Printed in Israel 2019

לעילוי נשמת

בעלי, אבינו וסבנו היקר

ר׳ יהושע וייסנר

ב׳ במרחשון תשע״ו

אוד מוצל מאש

לעילוי נשמת

יעקב משה בן ידידה ואהרן ז"ל

נלב"ע כ"ה אדר

מרת שושנה בת חנה ורבי ע"ה

נלב"ע ד' טבת

תנצב"ה

לעילוי נשמת אביהם של חברינו

יעקב דון הי"ד

נלב"ע בח' בכסלו התשע"ו

נולד בתשכ"ו למלכה ויהודה דון, ניצולי שואה שאיבדו את כל משפחתם. עם שרה הקים את ביתו באלון שבות ובה גידלו את ארבעת ילדיהם.

יעקב, מחנך אהוב, ראה את ייעודו בחינוך בני נוער ובכך השקיע את מלא מרצו, זמנו, ואהבתו. תלמידיו ציינו כי האמין ביכולותיהם וגרם להם להאמין בעצמם, וכי עם חיוך רחב, לב ענק, מסירות וסבלנות אין־קץ הצליח לגעת בנפשם ולכוון אותם בחייהם.

יעקב נרצח בפיגוע, בידי מחבל בן עוולה, בדרכו ללמוד עם שני בניו, אביעד ומאור, בישיבת ההסדר שבמעלה אדומים.

יעקב היה איש של שמחת חיים שאהב את משפחתו אהבת נפש והיה דוגמא ומופת לכיבוד הורים.

יהי זכרו ברוך

לע"נ ר' נפתלי ב"ר אברהם שלמה שטרן

נוי סוכה היה תחביבו, הייתה לו סוכת פלאים מהודרת,
פאר ויופי בה, זה אלי ואנוהו אומרת.
תמיד, גם בין הכנת מרור לחרוסת וכשהיה לו זמן,
לעסוק במצווה שאף, בצלחת ידו לא טמן.
יהי רצון שנזכה לסוכת עורו של לויתן.

נדבת משפחת פריי, שילה

זיכרון עולם בהיכל ה'
מוקדש לע"נ אהובינו, הורינו היקרים, ראשונים לכל דבר שבקדושה
אצילי נפש ויקירי רוח, אומרים מעט ועושים הרבה
רודפי צדקה ואוהבי חסד

אבינו הרב דוד חנניה תורגמן
ואמנו מרת מרים תורגמן

זכר צדיקים לברכה

תנצב"ה

לעילוי נשמת

מורן בן שמוליק וניצה

נפל במלחמת לבנון השנייה
י"ד באב תשס"ו

לעילוי נשמת

אברהם בן יצחק ואורית (חורשיד) עברון ז"ל
מרים בת אברהם ואסתר כהן ז"ל

תנצב"ה

לע"נ

אבי מורי ר' אשר אנטשל גרוס ז"ל

נלב"ע בכ"ז בתמוז תשמ"ו

ולע"נ

אמי מורתי מרת רחל בת ר' מרדכי ז"ל

נלבע"ה בכ"ז באייר תשנ"ז

ולע"נ

אחי מורי ר' מרדכי בן ר' אשר אנטשל גרוס ז"ל

נלב"ע בי"א בתמוז תשנ"ט

לע"נ

אבינו ר' חיים יעקב בן ר' שמואל לינצר

נלב"ע בכ"ד באלול תשמ"ז

ולע"נ

אמנו מרת שרה בלומה בת ר' שמואל הכהן ז"ל

נלבע"ה בי"ב במרחשוון תשל"ח

מבוא

הורים ומחנכים יקרים,

החוויה וההבנה של לימוד המשנה היו לנגד עינינו בכל שלבי יצירת הספר, ממסד ועד טפחות.

דרכנו בפירוש

לא התיימרנו לפרש מחדש את המשנה, אלא התבססנו על דברי הראשונים והאחרונים מפרשי המשנה והגמרא, כמו כן הוספנו מעט הוספות מהתוספתא והירושלמי. דרכנו בפירוש הייתה להביא את הפירוש הקרוב ביותר ללשון המשנה. אמנם פעמים שבגמרא נוספה אוקימתא לדברי המשנה, ולשם כך צירפנו את פירוש רבי עובדיה מברטנורה, שלרוב הזכיר אוקימתות אלו.

המשנה מובאת כאן על פי שיטת 'משנה סדורה', ותודתנו נתונה לרב דורדק על כך ועל הליווי והעצות.

דרכנו בציורים

ישנם שני סוגים של ציורים: יש ציורים מבארים ויש ציורים מלווים. הציורים המבארים באים לעזור ללומד להבין את המציאות המדוברת, שכן פעמים רבות בלי ציור מוחשי קשה להבין את דין המשנה והמציאות שדיברו בה. יש מקומות שבהם הראשונים נחלקו באיזו מציאות מדובר ובהם לא הבאנו כמה ציורים, אלא ציור אחד, התואם למובא בפירוש.

ישנם ציורים מסוג אחר, והם ציורים מלווים. ציורים אלה באו לאו דווקא לתוספת הבנה, אלא כדי שלימוד המשנה ילווה בחוויה חיובית של לימוד, ולכן הציורים באו בסגנון חי ונושם.

אנו תפילה כי הלימוד במשנה זו יגדיל את החיבה ללימוד התורה בכלל וללימוד המשנה בפרט.

מַסֶּכֶת סֻכָּה

מבוא למסכת סוכה

מסכת סוכה עוסקת במצוות ובמנהגים של חג הסוכות.

פרקים א-ב עוסקים בדיני הסוכה: גובהה, גודלה, היכן מעמידים אותה, איזה סכך כשר ואיזה פסול, איזו אכילה חייבת בסוכה ומי חייב בה.

פרק ג עוסק בדיני ארבעת המינים: באיזה אופן הם כשרים או פסולים, אורכם וגודלם, מי חייב בהם ומתי נוטלים אותם.

פרק ד מתאר באילו ימים חייבים בכל מצווה ממצוות החג, וכיצד נהגו בדין נטילת ארבעת המינים ובמנהג הערבה בזמן המקדש. נוסף לכך, דנים בניסוך המים, ומתארים כיצד נהגו בשאיבת המים ובניסוכם.

פרק ה מתאר את השמחה שנהגו בימי החג במקדש: מתי חגגו, כיצד הייתה החגיגה, מי היו המרקדים בה. הפרק מסיים בתיאור קרבנות החג. בחג הסוכות הקריבו קרבנות רבים וכל משמרות הכהונה היו עולים למקדש כדי להשתתף בעבודת הקרבנות, והמשנה מתארת כיצד הכוהנים חילקו את העבודה ביניהם.

פרק ראשון

חג הסוכות נקרא כך על שם המצווה העיקרית שבו, לשבת בסוכה בשבעת ימי החג, כמאמר הכתוב (ויקרא כג, לד-מב): "בחמישה עשר יום לחודש השביעי הזה חג הסוכות שבעת ימים לה'... בסוכות תשבו שבעת ימים, כל האזרח בישראל ישבו בסוכות". למבנה הסוכה יש הגדרות הלכתיות כגון לגובהה, לשטח שלה, לגובה ורוחב הדפנות; ממה עשוי הסכך והיכן להניחו.

א **סֻכָּה שֶׁהִיא גְבוֹהָה לְמַעְלָה מֵעֶשְׂרִים אַמָּה - פְּסוּלָה.**
רַבִּי יְהוּדָה מַכְשִׁיר.
וְשֶׁאֵינָהּ גְבוֹהָה עֲשָׂרָה טְפָחִים, וְשֶׁאֵין לָהּ שָׁלֹשׁ דְּפָנוֹת,
וְשֶׁחַמָּתָהּ מְרֻבָּה מִצִּלָּתָהּ - פְּסוּלָה.

סֻכָּה יְשָׁנָה -
בֵּית שַׁמַּאי פּוֹסְלִין, וּבֵית הִלֵּל מַכְשִׁירִין.
וְאֵיזוֹ הִיא סֻכָּה יְשָׁנָה?
כָּל שֶׁעֲשָׂאָהּ קֹדֶם לֶחָג שְׁלֹשִׁים יוֹם.
אֲבָל אִם עֲשָׂאָהּ לְשֵׁם חַג, אֲפִלּוּ מִתְּחִלַּת הַשָּׁנָה - כְּשֵׁרָה.

רבי עובדיה מברטנורה

סֻכָּה שֶׁהִיא גְבוֹהָה לְמַעְלָה מֵעֶשְׂרִים אַמָּה - פְּסוּלָה. דְּסוּכָּה דִּירַת עֲרַאי בָּעֵינָן, דִּכְתִיב (דברים טז, יג): "חַג הַסֻּכֹּת תַּעֲשֶׂה לְךָ שִׁבְעַת יָמִים", אָמְרָה תּוֹרָה: 'עֲשֵׂה סֻכָּה לְשִׁבְעַת יָמִים', וּלְמַעְלָה מֵעֶשְׂרִים אַמָּה - אֵין אָדָם עוֹשֶׂה דִּירָתוֹ דִּירַת עֲרַאי, אֶלָּא דִּירַת קֶבַע: **וְרַבִּי יְהוּדָה מַכְשִׁיר.** דְּסָבַר: סֻכָּה דִּירַת קֶבַע בָּעֵינָן. וְאֵין הֲלָכָה כְּרַבִּי יְהוּדָה: **וְשֶׁאֵינָהּ גְבוֹהָה עֲשָׂרָה טְפָחִים** - פְּסוּלָה, דְּדִירָה סְרוּחָה הִיא, וְאֵין אָדָם דָּר בְּדִירָה סְרוּחָה: **וְשֶׁאֵין לָהּ שָׁלֹשׁ דְּפָנוֹת.** דִּכְתִיב (ויקרא כג, מב-מג): "בַּסֻּכֹּת", "בַּסֻּכֹּת", "בַּסֻּכּוֹת", שְׁנַיִם חֲסֵרִים וְאֶחָד מָלֵא: חַד לְסִכָּךְ, דְּפֵירוּשׁ "סֻכָּה" - סִכָּךְ, פָּשׁוּ לְהוּ תְּלָתָא לְשָׁלֹשׁ דְּפָנוֹת. אָתְיָא הֲלָכָה לְמֹשֶׁה מִסִּינַי וּבְצָרֵיהּ לְדֹפֶן חֲדָא וְאוֹקְמֵיהּ אַטֶּפַח - נִשְׁאֲרוּ שְׁתַּיִם כְּהִלְכָתָן וּשְׁלִישִׁית אֲפִלּוּ טֶפַח. לְפִיכָךְ, סֻכָּה שֶׁיֵּשׁ לָהּ שְׁתֵּי דְּפָנוֹת זוֹ אֵצֶל זוֹ - עוֹשֶׂה דֹּפֶן שְׁלִישִׁית שֶׁיֵּשׁ בּוֹ טֶפַח וּמַשֶּׁהוּ, וּמַעֲמִידוֹ בְּפָחוֹת מִשְּׁלֹשָׁה סָמוּךְ לְאֶחָד מִשְּׁתֵּי הַדְּפָנוֹת, שֶׁכָּל פָּחוֹת מִשְּׁלֹשָׁה כְּלָבוּד דָּמֵי, וְנֶחְשָׁב כְּאִלּוּ הוּא דֹּפֶן שֶׁל אַרְבָּעָה טְפָחִים, וְנִמְצָא רֹב דֹּפֶן עָשׂוּי, וַהֲרֵי יֵשׁ לְסֻכָּה זוֹ שָׁלֹשׁ דְּפָנוֹת. וְצָרִיךְ לַעֲשׂוֹת לָהּ צוּרַת פֶּתַח. וְאִם שְׁתֵּי הַדְּפָנוֹת הֵם זוֹ כְּנֶגֶד זוֹ וּבֵינֵיהֶן מְפֻלָּשׁ - מֵבִיא פַּס שֶׁיֵּשׁ בּוֹ אַרְבָּעָה טְפָחִים וּמַשֶּׁהוּ, וּמַעֲמִידוֹ בְּפָחוֹת מִשְּׁלֹשָׁה סָמוּךְ לְאֶחָד מִשְּׁתֵּי הַדְּפָנוֹת, וְנֶחְשָׁב כְּאִלּוּ יֵשׁ בְּפַס זֶה שִׁבְעָה טְפָחִים, שֶׁהוּא שִׁעוּר הֶכְשֵׁר סֻכָּה לְאָרְכָּהּ וּלְרָחְבָּהּ. שֶׁהַסֻּכָּה צְרִיכָה שֶׁתְּהֵא שִׁבְעָה עַל שִׁבְעָה, כְּדֵי שֶׁתְּהֵא מַחֲזֶקֶת רֹאשׁוֹ וְרֻבּוֹ וְשֻׁלְחָנוֹ: שִׁשָּׁה עַל שִׁשָּׁה לְרֹאשׁוֹ וְרֻבּוֹ, וְטֶפַח עַל טֶפַח לְשֻׁלְחָנוֹ: **וְשֶׁחַמָּתָהּ מְרֻבָּה מִצִּלָּתָהּ - פְּסוּלָה.** הָא בְּשָׁוִין, שֶׁהַחַמָּה כַּצֵּל - כְּשֵׁרָה. וְדַוְקָא שֶׁהֵן שָׁוִין מִלְּמַטָּה בְּקַרְקָעִית הַסֻּכָּה, דְּבְיָדוּעַ שֶׁלְּמַעְלָה בַּסְּכָךְ צִלָּתָהּ מְרֻבָּה מֵחַמָּתָהּ, דְּאָמְרִי אֱנָשֵׁי: כְּזוּזָא מִלְּעֵיל כְּאַסְתֵּירָא מִלְּרַע: **בֵּית שַׁמַּאי פּוֹסְלִין.** דְּבָעוּ סֻכָּה לִשְׁמָהּ, וְזוֹ - סְתָם נַעֲשֵׂית. וְאִלּוּ תּוֹךְ שְׁלֹשִׁים לֶחָג, כֵּיוָן שֶׁשּׁוֹאֲלִים בְּהִלְכוֹת הֶחָג שְׁלֹשִׁים יוֹם קֹדֶם לֶחָג, סְתָם הָעוֹשֶׂה סֻכָּה - לְשֵׁם חָג הוּא עוֹשֶׂה. אֲבָל קֹדֶם שְׁלֹשִׁים - סְתָמָא לָאו לְשֵׁם חָג הוּא: **וּבֵית הִלֵּל מַכְשִׁירִין.** דְּלָא בָּעוּ סֻכָּה לְשֵׁם חָג:

בפרק זה מבוארות דוגמאות של סוכה פסולה וסוכה כשרה. עיקר הסוכה, כשמה, הוא ה"סכך", והמשנה פותחת בדיני הסכך.

סְכָּה שֶׁהִיא גְּבוֹהָה לְמַעְלָה מֵעֶשְׂרִים אַמָּה פְּסוּלָה – אם עשו את סכך הסוכה במקום גבוה יותר מעשרים אמה מעל פני הקרקע, הסוכה פסולה לדעת תנא קמא. בטעם הפסול, בגמרא (ב, א) הובאו שלושה טעמים מדוע סוכה כזו פסולה:

לדעת רבה, הסכך צריך להיות נראה וניכר לעין האדם היושב בסוכה, ואם הוא גבוה כל כך שהאדם יכול לראות את הסכך רק אם ירים את ראשו למעלה ולא בישיבה רגילה, הסוכה פסולה.

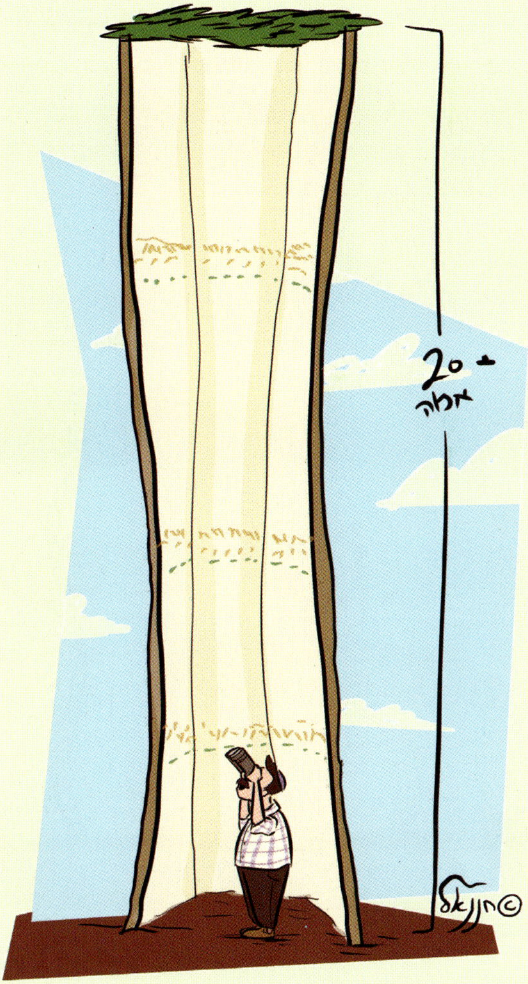

לדעת רבי זירא, האדם צריך לשבת בתוך צל הסכך, ולא בתוך צל הדפנות. אם הדפנות גבוהות מאוד (מעל 20 אמה) הצל שלהן רב, והאדם יושב בצל זה.

לדעת רבא, הסוכה צריכה להיות "סוכת עראי", סוכה שאינה קבועה, ואם היא גבוהה, היא נעשית בחוזק וקביעות ופסולה היא.

רַבִּי יְהוּדָה חולק **וּמַכְשִׁיר** את הסוכה הגבוהה. בגמרא (ז, ב) אמרו שרבי יהודה סובר שהסוכה צריכה להיות של קבע, ולכן מכשיר סוכה וגבוהה וחזקה כזו, שהרי כשהתורה הצריכה דירת קבע, ברור שהכשירה סוכה חזקה גבוהה ואפילו מעל 20 אמה, ומוכרחים אנו לומר שאין לחשוש אף לשאר החששות שנוצרים בסוכה גבוהה כל כך.

וְשֶׁאֵינָהּ גְּבוֹהָה עֲשָׂרָה טְפָחִים – הסוכה צריכה להיות דירה לאדם, וסוכה נמוכה כל כך עד שאין בה חלל של עשרה טפחים אינה ראויה לדירה, ופסולה היא.

וְשֶׁאֵין לָהּ שָׁלֹשׁ דְּפָנוֹת... פְּסוּלָה – מבנה הסוכה צריך להיות מבנה של דירה, ואינו צריך להיות כדירת האדם הקבועה שבכל ימות השנה. על כן, מצד אחד, אין צורך

בארבעה קירות, כביתו שבכל השנה. ומצד שני, שני קירות הם מבנה פרוץ ואינו מקום דירה. ולכן הסוכה צריכה להיות לכל הפחות בעלת שלוש דפנות (והלכה למשה מסיני היא שהדופן השלישית יכולה להיות ברוחב טפח בלבד).

וְשֶׁחַמָּתָהּ מְרֻבָּה מִצִּלָּתָהּ, פְּסוּלָה - עיקר הסוכה הוא הסכך והצל הנעשה ממנו. מכך מובן ששטח הסכך העושה את הצל צריך להיות מרובה על פני השטח הריק שבין ענפי הסכך שדרכם בוקעת השמש.

סֻכָּה יְשָׁנָה - בֵּית שַׁמַּאי פּוֹסְלִין, וּבֵית הִלֵּל מַכְשִׁירִין.

וְאֵיזוֹ הִיא סֻכָּה יְשָׁנָה? כָּל שֶׁעֲשָׂאָהּ קֹדֶם לֶחָג שְׁלֹשִׁים יוֹם. אֲבָל אִם עֲשָׂאָהּ לְשֵׁם חַג, אֲפִלּוּ מִתְּחִלַּת הַשָּׁנָה - כְּשֵׁרָה.

בית שמאי ובית הלל נחלקו אם סוכה ישנה מותרת. לדעת בית שמאי סוכה צריכה להיעשות "לשם החג", בכוונה תחילה למטרת ישיבת החג (ולא לצל סתם), על כן אם בונה סוכה סתם - היא פסולה, אלא אם כן בונה אותה בשלושים יום שלפני החג, שזהו זמן של עיסוק במצוות החג, ונחשב שהאדם בנה לשם החג. לדעת בית הלל אין צורך כלל שיבנה את הסוכה למטרת ישיבת החג, אלא די שיעשה אותה לצורך צל.

ב הָעוֹשֶׂה סֻכָּתוֹ תַּחַת הָאִילָן - כְּאִלּוּ עֲשָׂאָהּ בְּתוֹךְ הַבַּיִת.

סֻכָּה עַל גַּבֵּי סֻכָּה -
הָעֶלְיוֹנָה כְּשֵׁרָה, וְהַתַּחְתּוֹנָה פְּסוּלָה.
רַבִּי יְהוּדָה אוֹמֵר:
אִם אֵין דִּיּוּרִין בָּעֶלְיוֹנָה - הַתַּחְתּוֹנָה כְּשֵׁרָה.

רבי עובדיה מברטנורה

כְּאִלּוּ עֲשָׂאָהּ בְּתוֹךְ הַבַּיִת וּפְסוּלָה: **תַּחְתּוֹנָה פְּסוּלָה.** דִּשְׁנֵי סְכָכִין יֵשׁ לָהּ. וּקְרָא קָא פָּסֵיל סֻכָּה שֶׁתַּחַת הַסֻּכָּה: **אִם אֵין דִּיּוּרִין בָּעֶלְיוֹנָה.** שֶׁאֵינָהּ רְאוּיָה לְדִירָה, כְּגוֹן שֶׁאֵין גַּג הַתַּחְתּוֹנָה יְכוֹלָה לִסְבֹּל כָּרִים וּכְסָתוֹת שֶׁל עֶלְיוֹנָה. וְלֹא נֶחְלְקוּ תַּנָּא קַמָּא וְרַבִּי יְהוּדָה כְּשֶׁאֵינָהּ יְכוֹלָה לִסְבֹּל כְּלָל, דִּבְהָא - כּוּלֵּי עָלְמָא מוֹדוּ שֶׁהַתַּחְתּוֹנָה כְּשֵׁרָה בִּסְכַךְ הָעֶלְיוֹנָה, שֶׁהַגַּג שֶׁלָּהּ אֵינוֹ חָשׁוּב גַּג, וְלָא הָוְיָא סֻכָּה שֶׁתַּחַת הַסֻּכָּה. וְאִם הִיא בְּרִיאָה וִיכוֹלָה לְקַבֵּל כָּרִים וּכְסָתוֹת שֶׁל עֶלְיוֹנָה - כּוּלֵּי עָלְמָא לָא פְּלִיגֵי שֶׁהִיא פְּסוּלָה. כִּי פְּלִיגֵי כְּשֶׁיְּכוֹלָה לְקַבֵּל עַל יְדֵי הַדְּחָק, כְּגוֹן שֶׁגַּג הַתַּחְתּוֹנָה מִתְנוֹעֵעַ וְרוֹפֵף מִכָּרִים וּכְסָתוֹת שֶׁל עֶלְיוֹנָה: תַּנָּא קַמָּא סָבַר דִּבְהָכִי מִקְּרֵי סֻכָּה שֶׁתַּחַת הַסֻּכָּה וּפְסוּלָה, וְרַבִּי יְהוּדָה סָבַר כֵּיוָן שֶׁאֵינָהּ מְקַבֶּלֶת כָּרִים וּכְסָתוֹת שֶׁל עֶלְיוֹנָה אֶלָּא עַל יְדֵי הַדְּחָק - אֵינוֹ חָשׁוּב גַּג, וְאֵין זוֹ סֻכָּה שֶׁתַּחַת הַסֻּכָּה. וְאֵין הֲלָכָה כְּרַבִּי יְהוּדָה:

כפי שהתבאר לעיל, עיקר הסוכה הוא ה"סכך", והצל ליושבים בסוכה צריך להיות דוקא מכוח הסכך. על כן, הסוכה צריכה להיות תחת כיפת השמים, ומשנה זו מבארת את דיני הסוכה שאינה תחת כיפת השמים.

הָעוֹשֶׂה סֻכָּתוֹ תַּחַת הָאִילָן - אם ישנו עץ מעל הסוכה, הרי שהאדם היושב בסוכה נהנה מצל הענפים של העץ, הפסולים מלהיות סכך (כיוון שהם מחוברים, ראה להלן א, ד) ולא מצל הסוכה, והרי זה **כְּאִלּוּ עֲשָׂאָהּ בְּתוֹךְ הַבַּיִת**, ולא תחת השמים, ופסולה.

סְכָּה עַל גַּבֵּי סְכָּה – אם בנה שתי סוכות שהאחת מעל חברתה, הסוכה **הָעֶלְיוֹנָה כְּשֵׁרָה** – משום שהיא תחת כיפת השמים ואין בה חיסרון, **וְהַתַּחְתּוֹנָה פְּסוּלָה** –כי אינה עושה את הצל, אלא הסכך של העליונה הוא שעושה את הצל.

רַבִּי יְהוּדָה אוֹמֵר: אִם אֵין דִּיּוּרִין בָּעֶלְיוֹנָה, הַתַּחְתּוֹנָה כְּשֵׁרָה – רבי יהודה מכשיר את הסוכה התחתונה באופן שהעליונה אינה מוגדרת כסוכה, מפני שאינה יכולה לשמש כדירה. כאשר העליונה רעועה ואינה מספיק יציבה כדי להחזיק בה את צרכי הסוכה, היא אינה סוכה (כשיטתו של רבי יהודה לעיל במשנה א שהסוכה צריכה להיות דירת קבע), ולכן התחתונה כשרה.

ג **פֵּרַס עָלֶיהָ סָדִין מִפְּנֵי הַחַמָּה,**
אוֹ תַּחְתֶּיהָ מִפְּנֵי הַנְּשָׁר,
אוֹ שֶׁפֵּרַס עַל גַּבֵּי הַקִּינוֹף –
פְּסוּלָה.
אֲבָל פּוֹרֵס הוּא עַל גַּבֵּי נַקְלִיטֵי הַמִּטָּה.

רבי עובדיה מברטנורה

נְשָׁר. שֶׁלֹּא יְהוּ עָלִין וְקֵסָמִין יוֹרְדִין עַל הַשֻּׁלְחָן. פֵּרוּשׁ אַחֵר: שֶׁלֹּא יִנָּשְׁרוּ הֶעָלִין לְאַחַר שֶׁיָּבְשׁוּ וְתִשָּׁאֵר הַסֻּכָּה חַמָּתָהּ מְרֻבָּה מִצִּלָּתָהּ. **וְסָדִין** – דָּבָר הַמְקַבֵּל טֻמְאָה הוּא וּפָסוּל לְסְכָךְ. וְדַוְקָא מִפְּנֵי הַנְּשָׁר, אֲבָל לְנָאוּתָהּ – כְּשֵׁרָה: **אוֹ שֶׁפֵּרַס עַל גַּבֵּי הַקִּינוֹף.** כְּלוֹמַר, אוֹ אֲפִלּוּ לֹא פְּרָסוֹ מִפְּנֵי הַנְּשָׁר, אֶלָּא לְנוֹי עַל מִטָּתוֹ **עַל גַּבֵּי הַקִּינוֹף** שֶׁהֵן אַרְבָּעָה קוֹנְדֵּסִין לְאַרְבָּעָה רַגְלֵי מִטָּתוֹ, שֶׁהֵן גְּבוֹהִין, וּמַנִּיחַ כְּלוֹנְסוֹת מִזֶּה לָזֶה עַל גַּבֵּיהֶן וּפֵרַס סָדִין עֲלֵיהֶם וְהִרְחִיקוֹ מִן הַסְּכָךְ, דְּהַשְׁתָּא לֹא מְסַכֵּךְ בְּדָבָר הַמְקַבֵּל טֻמְאָה, דְּהָא לָאו לְסַכּוּכֵי שַׁטְחֵיהּ הָתָם: **פְּסוּלָה.** מִשּׁוּם דְּאֵינוֹ יוֹשֵׁב בְּסֻכָּה, דְּאֹהֶל מַפְסִיק בֵּינֵיהֶם: **אֲבָל פּוֹרֵס הוּא עַל גַּבֵּי מִטָּה** שֶׁיֵּשׁ לָהּ **נַקְלִיטִין.** שֶׁאֵינָן אֶלָּא שְׁנַיִם, וְהֵן יוֹצְאִין בְּאֶמְצַע הַמִּטָּה אֶחָד לִמְרַאֲשׁוֹתֶיהָ וְאֶחָד לְרַגְלֶיהָ, וְנוֹתְנִין מִזּוֹ לָזוֹ [כְּלוֹנְסָא וּפוֹרֵס עָלָיו סָדִין]. וּמִשּׁוּם דְּאֵין לָהּ גַּג טֶפַח רֹחַב מִלְמַעְלָה – לָא מִקְרֵי אֹהֶל:

המשנה מונה שלושה מקרים שבהם הישיבה בסוכה פסולה משום שהיושב בה אינו יושב תחת צל הסוכה.

פֵּרַס עָלֶיהָ סָדִין מִפְּנֵי הַחַמָּה... פְּסוּלָה – אדם שפרס סדין מעל הסכך (כדי להוסיף צל), **אוֹ תַּחְתֶּיהָ מִפְּנֵי הַנְּשָׁר** – או שפרס סדין מתחת לסכך, כדי למנוע נפילה או נשירה של עלים ועשבים המכונים "נְשָׁר" לתוך הסוכה, סוכה כזו פסולה משום שאינו יושב תחת צל הסוכה אלא תחת צל הסדין.

אוֹ שֶׁפֵּרַס עַל גַּבֵּי הַקִּינוֹף – פרס סדין לנוי על גבי ארבעת הצדדים של מיטתו (=קִינוֹף), אפילו אם רחוק מן הסכך. במקרה זה, אין פגם בסוכה עצמה אלא רק בישיבה על מיטה זו. **פְּסוּלָה** – מפני שצריך לשבת בסוכה תחת צל הסכך, ולא באוהל שבתוכה שמפסיק בין האדם לסכך.

אֲבָל פּוֹרֵס הוּא עַל גַּבֵּי נַקְלִיטֵי הַמִּטָּה – ובלבד שהסדין שפרס על מיטתו אינו מונח על גבי ארבעת צדדי המיטה, אלא שהשכיב מוט צר על שני עמודים זקופים, אחד בראש המיטה ואחד למרגלותיה (=נקליטי המיטה) כעין אוהל, ועליו פרס את הסדין, הרי זה מותר, מפני שרוחבו של המוט המונח לאורך המיטה הוא צר (פחות מטפח), ולכן אינו נידון כגג של אוהל המפסיק בין האדם לסכך.

ד **הִדְלָה עָלֶיהָ אֶת הַגֶּפֶן וְאֶת הַדְּלַעַת וְאֶת הַקִּסּוֹם, וְסִכֵּךְ עַל גַּבָּהּ - פְּסוּלָה.**
וְאִם הָיָה סִכּוּךְ הַרְבֵּה מֵהֶן, אוֹ שֶׁקְּצָצָן - כְּשֵׁרָה.
זֶה הַכְּלָל:
כָּל שֶׁהוּא מְקַבֵּל טֻמְאָה וְאֵין גִּדּוּלוֹ מִן הָאָרֶץ - אֵין מְסַכְּכִים בּוֹ,
וְכָל דָּבָר שֶׁאֵינוֹ מְקַבֵּל טֻמְאָה וְגִדּוּלוֹ מִן הָאָרֶץ - מְסַכְּכִין בּוֹ.

רבי עובדיה מברטנורה

הִדְלָה עָלֶיהָ. הִגְבִּיהַּ עַל גַּבָּהּ: **קִסּוֹם.** אידרא בלע״ז (סוג של צמח מטפס), וְהִיא נִדְלָה כְּגֶפֶן וְכִדְלַעַת: **פְּסוּלָה.** לְפִי שֶׁאֵין מְסַכְּכִין בִּמְחֻבָּר: **וְאִם הָיָה הַסִּכּוּךְ הַרְבֵּה מֵהֶן.** שֶׁהָיָה שָׁם סְכָךְ כָּשֵׁר הַרְבֵּה יוֹתֵר מֵהַגֶּפֶן וְהַדְּלַעַת - כְּשֵׁרָה. וְהוּא שֶׁחֲבָטָן וְעֵרְבָן עִם הַסְּכָךְ כָּשֵׁר וְאֵין נִרְאִין בָּעַיִן, דִּסְכָךְ כָּשֵׁר רַבֶּה עֲלֵיהֶן וּמְבַטְּלָן כְּשֶׁהֵן מְעֹרָבִין: **אוֹ שֶׁקְּצָצָן.** אַף לְאַחַר שֶׁסִּכֵּךְ בָּהֶן - **כְּשֵׁרָה.** וְהוּא שֶׁיְּנַעְנְעֵם לְאַחַר קְצִיצָה, דְּאִי לָאו הָכִי - פְּסוּלָה, דְּאָמְרָה תּוֹרָה: (דברים טז, יג): ״חַג הַסֻּכֹּת תַּעֲשֶׂה״, וְלֹא מִן הֶעָשׂוּי. כְּלוֹמַר, כְּשֶׁתַּעֲשֶׂה - תְּהֵא רָאוּי לְסֻכָּה, וְלֹא מִן הֶעָשׂוּי בִּפְסוּל, שֶׁאֵין רָאוּי לְסֻכָּה וְאַתָּה מְתַקְּנָהּ, כִּי הָא דְּמַכְשַׁר לָהּ בִּקְצִיצָה וְלָא הָדַר סָתַר לָהּ. אֲבָל כְּשֶׁמְּנַעְנֵעַ - הָוֵי כְּסוֹתֵר וְחוֹזֵר וּמְסַכֵּךְ, שֶׁמַּגְבִּיהַּ כָּל אֶחָד לְבַד וּמַנִּיחוֹ, וְחוֹזֵר וּמַגְבִּיהַּ אֶת חֲבֵרוֹ וּמַנִּיחוֹ: **כָּל דָּבָר שֶׁאֵינוֹ כו׳.** לְאַפּוּקֵי כְּלֵי עֵץ וּבִגְדֵי פִּשְׁתָּן וּמַחְצָלָאוֹת, שֶׁאַף עַל פִּי שֶׁגִּדּוּלֵיהֶם מִן הָאָרֶץ - אֵין מְסַכְּכִין בָּהֶן, הוֹאִיל וּמְקַבְּלִין טֻמְאָה: **וְגִדּוּלוֹ מִן הָאָרֶץ וכו׳.** דִּכְתִיב (שם): ״חַג הַסֻּכֹּת [תַּעֲשֶׂה לְךָ... בְּאָסְפְּךָ] מִגָּרְנְךָ וּמִיִּקְבֶךָ״, בִּפְסֹלֶת גֹּרֶן וְיֶקֶב הַכָּתוּב מְדַבֵּר, כְּלוֹמַר מִן הַנִּשְׁאָר אַחַר שֶׁאָסַפְתָּ הַגֹּרֶן וְהַיֶּקֶב כְּגוֹן קַשִּׁין וּזְמוֹרוֹת - מֵהֶם עֲשֵׂה סֻכָּה:

במשנה זו נידון החומר הכשר להיות סכך. ההגדרה של הסכך נלמדת ברמז בגמרא (יב, א) מן הפסוק (דברים טז, יג) ״חַג הַסֻּכֹּת תַּעֲשֶׂה לְךָ שִׁבְעַת יָמִים בְּאָסְפְּךָ מִגָּרְנְךָ וּמִיִּקְבֶךָ״, שממנו עולה שהחומר לעשיית הסכך צריך להיות דומה למה שהאדם אוסף מהגורן והיקב, כלומר פסולת הגורן והיקב: קש או זמורות וענפי הגפן התלושים וכיוצא באלו. סיבת התנאים האלו לסכך, נובעת ממשמעות הישיבה בסוכה: הרשב״ם (ויקרא כג, מג) הסביר שבחג הסוכות, זמן האסיף של התבואה וההתפעלות מהשפע שגידלנו ועשינו על ידי פועַל ידינו, אנו יוצאים מהנוחות של הבית אל הטבע הפשוט, כדי להפנים שלא כוחנו עשה לנו את החיל הזה, אלא ה׳, יוצר כול, הוא הנותן לנו כוח. לכן אנו עושים את הסוכה דווקא מחומרים טבעיים (גידולו מן הארץ) בלא שינוי ויצירה של האדם (דבר שאינו כלי, ולכן אינו מקבל טומאה).

עניין נוסף במשנתנו הוא שהאדם צריך ליצור סכך במעשה שלו, ולא שמאליו ייווצר סכך, דבר זה נלמד מלשון התורה (דברים טז, יג): ״תַּעֲשֶׂה לְךָ״, כפנייה אל האדם: תעשה את הסכך, ״תעשה, ולא מן העשוי״.

הִדְלָה עָלֶיהָ אֶת הַגֶּפֶן וְאֶת הַדְּלַעַת וְאֶת הַקִּסּוֹם - אלו גידולים מטפסים שיש להם זמורות ארוכות (מאירי ט, ב), והקיסום מזוהה עם "קיסוס החורש" של ימינו (פליקס, משנה, עמ' 142). אם האדם הגביה ותלה את הגידולים האלו על גבי הסוכה, **וְסִכֵּךְ עַל גַּבָּהּ - פְּסוּלָה**. כיוון שענפי ועשבי הגידולים האלו עדיין לא נתלשו, אלא עדיין מחוברים לקרקע, הרי הם פסולים מלהיות סכך, ולכן אף אם שם עליהם סכך כשר - הכול פסול.

וְאִם הָיָה סִכּוּךְ הַרְבֵּה מֵהֶן... כְּשֵׁרָה - כלומר הסכך הכשר מרובה מהגידולים המחוברים, והגידולים מעורבים עד שאינם ניכרים, הרי הפסול בטל מפני הכשר.

אוֹ שֶׁקְּצָצָן - אף אם הסכך הכשר אינו מרובה בכמות, יש דרך להכשיר את הגידולים המחוברים על ידי שיקצוץ אותם ממקום חיבורם, ואז יהיה בסוכה רק סכך כשר, והסוכה תהיה **כְּשֵׁרָה**.

בגמרא (יא, א) נחלקו אם לאחר הקציצה של הגידולים המחוברים צריך לנענעם במקומם כדי שייחשב הנענוע כעשייה מחודשת של הסכך וכהנחה חדשה, ורק אז הסכך כשר, או שמא אין צורך בנענוע כיוון שהקציצה עצמה נחשבת כעשייה מחודשת.

זֶה הַכְּלָל וכו' – החומר הכשר לסכך צריך לעמוד בשני תנאים:

א. **כָּל שֶׁהוּא מְקַבֵּל טֻמְאָה... אֵין מְסַכְּכִים בּוֹ** – אסור שיהיה מחומר שיכול לקבל טומאה.

ב. **וְאֵין גִּדּוּלוֹ מִן הָאָרֶץ – אֵין מְסַכְּכִים בּוֹ** – הסכך צריך להיות מחומר שגדל מן הארץ.

כגון בגד מחוטי פשתן, שאמנם גידולו מן הארץ, אך הוא כלי ומקבל טומאה ולכן פסול. ויריעות פלסטיק אינן גדלות מן הארץ, ולכן הן פסולות, אף שאינן מקבלות טומאה.

וְכָל דָּבָר שֶׁאֵינוֹ מְקַבֵּל טֻמְאָה וְגִדּוּלוֹ מִן הָאָרֶץ – מְסַכְּכִין בּוֹ – כגון קרשים, ענפים, עלים, מוטות, לוחות עץ וכיוצא באלו.

ה חֲבִילֵי קַשׁ וַחֲבִילֵי עֵצִים וַחֲבִילֵי זְרָדִין - אֵין מְסַכְּכִין בָּהֶן.
וְכֻלָּן שֶׁהִתִּירָן כְּשֵׁרוֹת.
וְכֻלָּן כְּשֵׁרוֹת לַדְּפָנוֹת.

רבי עובדיה מברטנורה

וַחֲבִילֵי זְרָדִין. מִין קָנִים, וּבְעוֹדָן לַחִים - בְּהֵמָה אוֹכַלְתָּן, וּכְשֶׁיָּבְשׁוּ - עוֹמְדִין לְהֶסֵּק: **אֵין מְסַכְּכִין** כְּשֶׁהֵן קְשׁוּרִים. וְלֹא מִפְּנֵי שֶׁהֵן פְּסוּלִים, אֶלָּא פְּעָמִים שֶׁאָדָם בָּא וַחֲבִילָתוֹ עַל כְּתֵפוֹ, וּמַעֲלֶה וּמַנִּיחָהּ עַל גַּבֵּי סֻכָּה לְיַבְּשָׁהּ, וְנִמְלָךְ עָלֶיהָ לְסִכּוּךְ, וְהַתּוֹרָה אָמְרָה (דברים טז, יג): "תַּעֲשֶׂה" - וְלֹא מִן הֶעָשׂוּי בִּפְסוּל, וְזֶה לֹא נַעֲשָׂה אֲפִלּוּ לְצֵל, אֶלָּא לְיַבֵּשׁ, וַהֲוֵי עָשׂוּי בִּפְסוּל: **וְכֻלָּן.** הַפְּסוּלִים שֶׁשָּׁנִינוּ בַּסְּכָךְ: **כְּשֵׁרִים לַדְּפָנוֹת.** דְּסֻכָּה - סְכָךְ מַשְׁמַע וְלֹא דְּפָנוֹת. הִלְכָּךְ "סֻכֹּת תַּעֲשֶׂה לְךָ מִגָּרְנְךָ", אַסְּכָךְ מַשְׁמַע וְלֹא אַדְּפָנוֹת:

במשנה זו ובמשניות הבאות מתבאר שישנם מינים שעומדים בתנאים השנויים לעיל: אינם מקבלים טומאה וגדלים מן הארץ, ואף על פי כן אסור לסכך בהם מסיבות שונות. במשנה זו מובאת גזרת חכמים שלא לסכך באגודות קשורות של קנים שונים.

חֲבִילֵי קַשׁ וַחֲבִילֵי עֵצִים וַחֲבִילֵי זְרָדִין - חבילות של קנים קשורים ואגודים.

אֵין מְסַכְּכִין בָּהֶן - כאשר קנים אלו יבשים, משתמשים בהם למאכל בהמה ולהסקה, ועל כן מצוי שהאדם ישליך חבילות אלו על הגג כדי לייבשן, ובאופן זה הן פסולות מלהיות סכך, כי הסכך צריך להיות לצל. אף אם האדם יתחרט מלייבש את החבילות וישאיר אותן על הסוכה למטרת צל, הסכך כבר פסול, כי נעשה מתחילה בדרך פסולה, ולמדו חכמים "תעשה, ולא מן העשוי" (סוכה יא, ב).

בגלל החשש שאדם יניח על סוכתו חבילות קנים לצורך ייבוש גזרו חכמים שלא לסכך כלל בחבילות אלו, אפילו אם מלכתחילה מטרתו וכוונתו הייתה לצל.

וְכֻלָּן שֶׁהִתִּירָן כְּשֵׁרוֹת - אם התיר את הקשר האוגד את הקנים יחד, הסוכה כשרה. כאשר האדם מתיר את הקשר של החבילות, הסכך נעשה מכוח מעשה של האדם, ואין הסוכה "מן העשוי".

וְכֻלָּן כְּשֵׁרוֹת לַדְּפָנוֹת - את הכלל "תעשה, ולא מן העשוי" ושאר פסולי הסכך למדנו מפסוק המתייחס דווקא לסוכה (דברים טז, יג), שמשמעותה היא הסכך. על כן כל הפסולים השייכים לגבי "סוכה" אינם שייכים לדפנות.

ו **מְסַכְּכִין בִּנְסָרִים, דִּבְרֵי רַבִּי יְהוּדָה.**
וְרַבִּי מֵאִיר אוֹסֵר.
נָתַן עָלֶיהָ נֶסֶר שֶׁהוּא רָחָב אַרְבָּעָה טְפָחִים - כְּשֵׁרָה,
וּבִלְבַד שֶׁלֹּא יִישַׁן תַּחְתָּיו.

רבי עובדיה מברטנורה

מְסַכְּכִין בִּנְסָרִים, דִּבְרֵי רַבִּי יְהוּדָה. בִּנְסָרִים שֶׁיֵּשׁ בָּהֶם אַרְבָּעָה, שֶׁהוּא שִׁעוּר מָקוֹם חָשׁוּב – דִּבְרֵי הַכֹּל פְּסוּלָה. פָּחוֹת מִשְּׁלֹשָׁה – דִּבְרֵי הַכֹּל כְּשֵׁרָה, דַּחֲשִׁיבֵי כְּקָנִים. כִּי פְּלִיגֵי מִשְּׁלֹשָׁה וְעַד אַרְבָּעָה. רַבִּי יְהוּדָה סָבַר: כֵּיוָן דְּלֵית בְּהוּ שִׁעוּר מָקוֹם חָשׁוּב – לָא גָּזְרִינַן שֶׁמָּא יֵשֵׁב תַּחַת תִּקְרַת הַבַּיִת. וְרַבִּי מֵאִיר סָבַר: כֵּיוָן דְּנָפְקֵי מִתּוֹרַת לָבוּד – גָּזְרִינַן שֶׁמָּא יֹאמַר: 'מַה לִּי לְסַכֵּךְ בְּאֵלּוּ, מַה לִּי לֵישֵׁב תַּחַת תִּקְרַת בֵּיתִי?'. וַהֲלָכָה כְּרַבִּי יְהוּדָה:

במשנה זו אנו למדים על גזרת חכמים שלא לסכך בנסרים, לוחות עץ רחבים, מחשש שמא האדם שישב תחתיהם יחשוב שאין הבדל בין תקרה זו לתקרת ביתו, ויבוא לשבת בביתו בימי החג, כבכל השנה, וכלשון הרמב"ם (הלכות סוכה ה, ז): "גזרה שמא ישב תחת התקרה וידמה שהיא כסוכה". התנאים נחלקו בהיקף הגזרה.

מְסַכְּכִין בִּנְסָרִים, דִּבְרֵי רַבִּי יְהוּדָה, וְרַבִּי מֵאִיר אוֹסֵר - בגמרא (יד, א וכדעת שמואל) מבואר שכולם מודים שאסור לסכך בלוחות שרוחבם ארבעה טפחים ומעלה, וכן כולם מודים שאין חשש בלוחות שרוחבם עד שלשה טפחים, שהם נחשבים כקנים ואינם דומים לתקרה. רבי יהודה ורבי מאיר נחלקו אם יש "גזרת תקרה" בלוחות שרוחבם בין שלושה לארבעה טפחים.

נָתַן עָלֶיהָ נֶסֶר שֶׁהוּא רָחָב אַרְבָּעָה טְפָחִים - כפי שהתבאר, לוח עץ שרחב ארבעה טפחים פסול לסכך בו. אף על פי כן, אם מניח אותו בגג הסוכה לצד הסכך הכשר ובסמיכות לדופן, הלוח אינו פוסל את הסוכה, כיוון שנחשב כהמשך של הדופן ואינו חלק מהסכך, והסוכה **כְּשֵׁרָה** (בלשון חכמים "דופן עקומה", גמרא ד, א וראה עוד להלן בביאור למשנה י). **וּבִלְבַד שֶׁלֹּא יִישַׁן תַּחְתָּיו** - אף שנסר זה אינו פוסל את הסוכה, דינו של אדם היושב תחתיו כיושב מחוץ לסוכה.

ז **תִּקְרָה שֶׁאֵין עָלֶיהָ מַעֲזִיבָה –**
רַבִּי יְהוּדָה אוֹמֵר:
בֵּית שַׁמַּאי אוֹמְרִים: מְפַקְפֵּק וְנוֹטֵל אַחַת מִבֵּנְתַּיִם,
וּבֵית הִלֵּל אוֹמְרִים: מְפַקְפֵּק אוֹ נוֹטֵל אַחַת מִבֵּנְתַּיִם.
רַבִּי מֵאִיר אוֹמֵר:
נוֹטֵל אַחַת מִבֵּנְתַּיִם, וְאֵינוֹ מְפַקְפֵּק.

רבי עובדיה מברטנורה

תִּקְרָה. גַּג הֶעָשׂוּי מִקּוֹרוֹת אוֹ נְסָרִים: **מַעֲזִיבָה.** הַטִּיט אוֹ הַסִּיד שֶׁרְגִילִין לִתֵּן עַל גַּבֵּי הַקּוֹרוֹת וְהַנְּסָרִים קָרוּי מַעֲזִיבָה: **מְפַקְפֵּק.** סוֹתֵר וּמְנַעְנֵעַ כֻּלָּן: **אוֹ נוֹטֵל אַחַת מִבֵּנְתַּיִם.** וְנוֹתֵן סְכָךְ כָּשֵׁר בִּמְקוֹמָהּ. וְרַבִּי יְהוּדָה לְטַעֲמֵיהּ דְּמַכְשִׁיר לְסַכֵּךְ בִּנְסָרִים, הִלְכָּךְ בְּפִקְפּוּק סַגִּי. וּבְלֹא פִּקְפּוּק – אִי אֶפְשָׁר, מִשּׁוּם: "תַּעֲשֶׂה", וְלֹא מִן הֶעָשׂוּי: **רַבִּי מֵאִיר אוֹמֵר** לֹא נֶחְלְקוּ בֵּית שַׁמַּאי וּבֵית הִלֵּל בְּדָבָר זֶה, שֶׁכֻּלָּן מוֹדִים שֶׁצָּרִיךְ לִטּוֹל אֶחָד מִבֵּינְתַּיִם וּפִקְפּוּק אֵינוֹ מוֹעִיל. וְרַבִּי מֵאִיר לְטַעֲמֵיהּ, דְּאָמַר: אֵין מְסַכְּכִין בִּנְסָרִים. וַהֲלָכָה כְּרַבִּי יְהוּדָה שֶׁאָמַר מִשּׁוּם בֵּית הִלֵּל:

משנה זו היא המשך למחלוקת רבי יהודה ורבי מאיר במשנה הקודמת, ועוסקת בכשרות הסכך מדין "תעשה, ולא מן העשוי". דרך עשיית גגות הבתים הייתה על ידי נסרים או קורות עץ שעל גביהן היו שמים ציפוי של טיט או סיד. התִקרה היא העשויה מקורות העץ, והמעזיבה היא הציפוי שמעל התִקרה, המחזק את יציבות התִקרה ואוטם אותה. המשנה דנה בגג של הבית של תִקרה שלא מרחו עליה מעזיבה, כיצד אפשר להכשירו לסכך.

תִּקְרָה שֶׁאֵין עָלֶיהָ מַעֲזִיבָה – ורוצה להכשירה לסכך.

רַבִּי יְהוּדָה אוֹמֵר – שדרך ההכשר של התקרה נתונה במחלוקת בית שמאי ובית הלל.

בֵּית שַׁמַּאי אוֹמְרִים: מְפַקְפֵּק וְנוֹטֵל אַחַת מִבֵּנְתַּיִם – לדעת רבי יהודה, בית שמאי מצריכים שני תנאים: פקפוק ודילול של הנסרים. הפקפוק הוא נענוע של כל נסר ממקומו, והנטילה היא שיוציא נסר אחד מבין כל שני נסרים ויחליפו בסכך כשר (ברטנורה). על ידי פעולות אלו אין חשש של "תעשה, ולא מן העשוי", כי הוא מבטל את התקרה שהייתה, ומחדש עתה את הסכך.

וּבֵית הִלֵּל אוֹמְרִים: מְפַקְפֵּק אוֹ נוֹטֵל אַחַת מִבֵּינְתַיִם – אין צורך בשתי פעולות, אלא די בנענוע או נטילה כדי לחדש את הסכך ולקיים "תעשה, ולא מן העשוי".

רַבִּי מֵאִיר אוֹמֵר: נוֹטֵל אַחַת מִבֵּינְתַיִם, וְאֵינוֹ מְפַקְפֵּק – לדעת רבי מאיר, בית שמאי ובית הלל לא נחלקו. וכולם מסכימים שדי במעשה אחד כדי להכשיר, והוא: נטילת נסר אחד מבין שניים, ולדעתו נענוע הנסרים אינו מועיל.

ח **הַמְקָרֶה סֻכָּתוֹ בַּשְּׁפוּדִין אוֹ בַאֲרוּכוֹת הַמִּטָּה, אִם יֵשׁ רֶוַח בֵּינֵיהֶן כְּמוֹתָן - כְּשֵׁרָה. הַחוֹטֵט בְּגָדִישׁ לַעֲשׂוֹת בּוֹ סֻכָּה - אֵינָהּ סֻכָּה.**

רבי עובדיה מברטנורה

שְׁפוּדִין. אֵין רְאוּיִן לְסִכּוּךְ, לְפִי שֶׁאֵינָן גִּדּוּלֵי קַרְקַע: **בַּאֲרוּכוֹת הַמִּטָּה.** כֵּלִים הַמְקַבְּלִים טֻמְאָה: **אִם יֵשׁ רֶוַח בֵּינֵיהֶן כְּמוֹתָן.** לָאו דַּוְקָא כְּמוֹתָן מַמָּשׁ וְלֹא יוֹתֵר, דְּהָא מְקוֹם שְׁפוּד כְּפָרוּץ הוּא נֶחְשָׁב, וּכְשֶׁנּוֹתֵן סְכָךְ כָּשֵׁר בֵּין שְׁפוּד לִשְׁפוּד, אִם אֵין בֵּינֵיהֶן אֶלָּא כְּמוֹתָן - הָוֵי פָּרוּץ כְּעוֹמֵד וּפָסוּל. אֶלָּא עַל כָּרְחָךְ הָרֶוַח שֶׁבֵּינֵיהֶן מַשֶּׁהוּ יוֹתֵר מִכְּמוֹתָן: **הַחוֹטֵט בְּגָדִישׁ.** נָטַל מִן הָעֳמָרִים לְמַטָּה סָמוּךְ לָאָרֶץ, וְעָשָׂה חָלָל כְּשִׁעוּר סֻכָּה, וְהַסְּכָךְ נִמְצָא עָשׂוּי וְעוֹמֵד מֵאֵלָיו. וְהַתּוֹרָה אָמְרָה: "תַּעֲשֶׂה - וְלֹא מִן הֶעָשׂוּי". אֲבָל אִם הָיָה בּוֹ חָלָל טֶפַח בְּמֶשֶׁךְ שִׁבְעָה עָשׂוּי לְשֵׁם סְכָךְ, וְחָטַט בּוֹ עַד שֶׁהִגְבִּיהַּ אֶת הֶחָלָל לְשִׁעוּר גָּבְהַּ עֲשָׂרָה - אֵין זוֹ הִיא עֲשִׂיָּתוֹ, שֶׁהֲרֵי אֵינוֹ מְתַקֵּן אֶלָּא הַדְּפָנוֹת, וּבַדְּפָנוֹת לָא אָמְרִינָן: "תַּעֲשֶׂה - וְלֹא מִן הֶעָשׂוּי", וַהֲרֵי הִיא כְּסֻכָּה פְּחוּתָה מֵעֲשָׂרָה וְחָקַק בָּהּ לְהַשְׁלִימָהּ לַעֲשָׂרָה:

משנה זו דנה בכשרות הסכך משני פנים שהוזכרו לעיל: סכך העשוי מחומר פסול, וכן פסול של "תעשה, ולא מן העשוי".

הַמְקָרֶה סֻכָּתוֹ - עושה את תקרת הסוכה **בַּשְּׁפוּדִין** - מוטות מתכת שפסולים לסכך כיוון שאינם גידולי קרקע, **אוֹ בַאֲרוּכוֹת הַמִּטָּה** - מוטות עץ שהיו קודם מסגרת של מיטה. ארוכות אלו פסולות מלהיות סכך כיוון שהן באות מדבר המקבל טומאה (מיטת עץ). אולם יש דרך הכשר לסכך זה, והיא **אִם יֵשׁ רֶוַח בֵּינֵיהֶן כְּמוֹתָן** - אם הניח רווח בין השיפודים (או ארוכות) באותו הרוחב של השיפודים, ומילא את הרווח בסכך כשר - סוכה זו **כְּשֵׁרָה.**

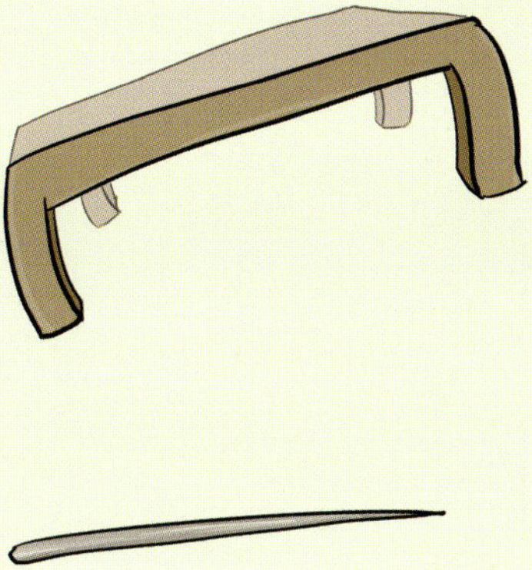

הפרשנים העירו שלא מספיק שהרווח יהיה שווה, אלא צריך שהשטח המלא בסכך כשר יהיה גדול יותר, וכך רוב הסכך כשר.

הַחוֹטֵט בַּגָּדִישׁ לַעֲשׂוֹת בּוֹ סֻכָּה – גדיש הוא עֲרֵמַת עומרים של שיבולים. אדם זה הניח את הערמה כדי לקבץ את תבואתו ולא לשם סוכה, ולכן אם חוטט, דהיינו נוטל מהשיבולים שלמטה, עד שנוצר חלל של עשרה טפחים בתוך הגדיש, **אֵינָהּ סֻכָּה** כשרה, שכן הסוכה נעשתה מעצמה ולא במעשה האדם, על פי הכלל: "תעשה, ולא מן העשוי" (ראה לעיל משנה ד).

ט **הַמְשַׁלְשֵׁל דְּפָנוֹת מִלְמַעְלָה לְמַטָּה,**
אִם גְּבוֹהָה מִן הָאָרֶץ שְׁלֹשָׁה טְפָחִים - פְּסוּלָה,
מִלְּמַטָּה לְמַעְלָה,
אִם גְּבוֹהָה מִן הָאָרֶץ עֲשָׂרָה טְפָחִים - כְּשֵׁרָה.
רַבִּי יוֹסֵי אוֹמֵר:
כְּשֵׁם שֶׁמִּלְּמַטָּה לְמַעְלָה עֲשָׂרָה טְפָחִים -
כָּךְ מִלְמַעְלָה לְמַטָּה עֲשָׂרָה טְפָחִים.

הִרְחִיק אֶת הַסִּכּוּךְ מִן הַדְּפָנוֹת שְׁלֹשָׁה טְפָחִים - פְּסוּלָה.

רבי עובדיה מברטנורה

הַמְשַׁלְשֵׁל. מוֹרִיד. שֶׁהִתְחִיל לֶאֱרֹג הַדְּפָנוֹת סָמוּךְ לַסְּכָךְ, וְאוֹרֵג וּבָא כְּלַפֵּי מַטָּה: **שְׁלֹשָׁה טְפָחִים - פְּסוּלָה.** הַיְנוּ שִׁעוּר שֶׁיִּזְדַּקֵּר הַגְּדִי בְּבַת אַחַת וְיִכָּנֵס, דַּאֲמָרַן דִּבְכְהַאי גַּוְנָא - אֵינָהּ מְחִיצָה: **כֵּיוָן שֶׁהִגִּיעַ לַעֲשָׂרָה - כְּשֵׁרָה.** וַאֲפִלּוּ אֵינָן מַגִּיעוֹת לַסְּכָךְ, וּמֻפְלָגוֹת מִמֶּנּוּ הַרְבֵּה: **רַבִּי יוֹסֵי אוֹמֵר: כְּשֵׁם שֶׁמִּלְּמַטָּה לְמַעְלָה** דַּיּוֹ בַּאֲרִיגַת עֲשָׂרָה - **כָּךְ מִלְמַעְלָה לְמַטָּה.** וַאֲפִלּוּ גְּבוֹהוֹת מִן הָאָרֶץ הַרְבֵּה. דְּסָבַר: מְחִיצָה תְּלוּיָה מַתֶּרֶת. וְאֵין הֲלָכָה כְּרַבִּי יוֹסֵי: **הִרְחִיק אֶת הַסִּכּוּךְ.** לָאו בְּגֹבַהּ קָאָמַר, אֶלָּא בְּרֹחַב, שֶׁהִנִּיחַ אֲוִיר בֵּין דֹּפֶן לַסְּכָךְ, בְּאֹרֶךְ הַסֻּכָּה אוֹ בְּרָחְבָּהּ:

כפי שהתבאר לעיל (משנה א), גובהה של מחיצת הסוכה צריך להיות עשרה טפחים או יותר. משנה זו דנה באופנים שבהם המחיצה אינה נמשכת מהקרקע עד גובה הסכך, אלא נפסקת באחד מן הצדדים.

הַמְשַׁלְשֵׁל דְּפָנוֹת מִלְמַעְלָה לְמַטָּה – מוריד בד ארוג מהסכך כלפי מטה, כדי שייחשב למחיצה.

אִם גְּבוֹהָה מִן הָאָרֶץ שְׁלֹשָׁה טְפָחִים – מחיצת האריגה ירדה מהסכך למטה, אך לא הגיעה עד גובה שלושה טפחים מן הקרקע, הרי סוכה זו **פְּסוּלָה** – שזו מחיצה פרוצה, וגדי יכול לעבור בה בקלות (עירובין טז, א), וחכמים אמרו שמחיצה צריכה למנוע מעבר בה.

מִלְּמַטָּה לְמַעְלָה – אם מעמיד את המחיצה בצמוד לקרקע, **אִם גְּבוֹהָה מִן הָאָרֶץ עֲשָׂרָה טְפָחִים** – אך הדופן אינה מגיעה עד לסכך, ואפילו רחוקה ממנו מרחק רב, הדופן **כְּשֵׁרָה.**

רַבִּי יוֹסֵי אוֹמֵר: כְּשֵׁם שֶׁמִּלְּמַטָּה לְמַעְלָה עֲשָׂרָה טְפָחִים – הדופן כשרה, **כָּךְ** הוא הדין **מִלְּמַעְלָה לְמַטָּה,** שכן די בדופן בגובה **עֲשָׂרָה טְפָחִים,** אף על פי שיש מרחק רב מן הקרקע ועד הדופן התלויה באוויר.

הסכך צריך לכסות את כל הסוכה מדופן אל דופן, ולכן אם **הִרְחִיק אֶת הַסִּכּוּךְ מִן הַדְּפָנוֹת שְׁלֹשָׁה טְפָחִים** – השאיר רווח של אוויר בלי סכך בין הדפנות לסכך, ושטח הרווח הוא של שלושה טפחים או יותר, הסוכה **פְּסוּלָה.**

י **בַּיִת שֶׁנִּפְחַת וְסִכֵּךְ עַל גַּבָּיו,**
אִם יֵשׁ מִן הַכֹּתֶל לַסִּכּוּךְ אַרְבַּע אַמּוֹת - פְּסוּלָה.
וְכֵן חָצֵר שֶׁהִיא מֻקֶּפֶת אַכְסַדְרָה.

סֻכָּה גְדוֹלָה, שֶׁהִקִּיפוּהָ בְּדָבָר שֶׁאֵין מְסַכְּכִים בּוֹ,
אִם יֵשׁ תַּחְתָּיו אַרְבַּע אַמּוֹת - פְּסוּלָה.

רבי עובדיה מברטנורה

בַּיִת שֶׁנִּפְחַת גַּגּוֹ בְּאֶמְצָעוֹ, וְהַדְּפָנוֹת רְחוֹקוֹת מִן הַסְּכָךְ כָּשֵׁר: **אִם יֵשׁ מִן הַכֹּתֶל לַסְּכָךְ כָּשֵׁר אַרְבַּע אַמּוֹת - פְּסוּלָה.** פָּחוֹת מִכָּאן - כְּשֵׁרָה. דַּהֲלָכָה לְמֹשֶׁה מִסִּינַי דְּאָמְרִינָן דֹּפֶן עֲקֻמָּה עַד אַרְבַּע אַמּוֹת, וְרוֹאִים תִּקְרַת הַבַּיִת כְּאִלּוּ נֶעֱקַם רֹאשׁ הַדֹּפֶן וּבָא עַד הַסְּכָךְ הַכָּשֵׁר. וְלֹא יִישַׁן תַּחְתֶּיהָ: **וְכֵן בְּחָצֵר שֶׁהִיא מֻקֶּפֶת אַכְסַדְרָה.** וְסִכֵּךְ בַּאֲוִירָהּ שֶׁל חָצֵר, רָחוֹק מִכָּתְלֵי הָאַכְסַדְרָה. וְאַכְסַדְרָה הוּא מָקוֹם מֻקָּף מִשָּׁלֹשׁ מְחִיצוֹת: **סֻכָּה גְדוֹלָה.** כָּל שֶׁאִלּוּ יִנָּטֵל הַסְּכָךְ פָּסוּל, יִשָּׁאֵר בָּהּ שִׁבְעָה טְפָחִים עַל שִׁבְעָה טְפָחִים סְכָךְ כָּשֵׁר - זוֹ הִיא סֻכָּה גְדוֹלָה: **שֶׁהִקִּיפוּהָ בְּדָבָר שֶׁאֵין מְסַכְּכִין בּוֹ.** דַּוְקָא מִן הַצַּד אָמְרִינָן שֶׁאֵין סְכָךְ פָּסוּל פּוֹסֵל אֶלָּא בְּאַרְבַּע אַמּוֹת, מִשּׁוּם טַעֲמָא דְּדֹפֶן עֲקֻמָּה. אֲבָל בְּאֶמְצַע הַסֻּכָּה - פּוֹסֵל בְּאַרְבָּעָה טְפָחִים. וַאֲוִיר שֶׁאֵין שָׁם סְכָךְ כְּלָל, בֵּין בָּאֶמְצַע בֵּין מִן הַצַּד - פּוֹסֵל בִּשְׁלֹשָׁה טְפָחִים:

משנה זו מתארת כמה מקרים שהסוכה כשרה משום דין "דופן עקומה", שהתקבל ממשה מסיני.

בַּיִת שֶׁנִּפְחַת וְסִכֵּךְ עַל גַּבָּיו - בית שנפל חלק מגגו ונוצר חלל בתקרה, והאדם מילא את החלל בסכך כשר, והסכך מגיע עד לקצוות התקרה.

אִם יֵשׁ מִן הַכֹּתֶל לַסִּכּוּךְ אַרְבַּע אַמּוֹת – אם נשארה תקרה בשיעור ארבע אמות או יותר, הרי הסכך מנותק מהדפנות ולכן הסוכה **פְּסוּלָה**. אך אם המרחק בין כותל הבית אל הסכך קטן מארבע אמות, הרי זו סוכה כשרה, ואנו דנים את שארית התקרה כהמשך של קיר הבית, וכאילו שהדופן נעקמה.

וְכֵן חָצֵר שֶׁהִיא מֻקֶּפֶת אַכְסַדְרָה – דרך בניית הבתים הייתה סביב חצר (בצורת האות ח), ומן הבתים המקיפים את החצר היו יוצאות אכסדראות, כעין מרפסות (רש"י יז, א). את החלק הנותר בחצר, בין המרפסות, סיכבו בסכך כשר, ואם המרפסת היא בת ארבע אמות, אינה נחשבת כהמשך הדופן.

דוגמה נוספת לכלל זה היא ב**סֻכָּה גְדוֹלָה שֶׁהִקִּיפוּהָ בְּדָבָר שֶׁאֵין מְסַכְּכִים בּוֹ** – הניחו סכך כשר באמצע גג הסוכה, וממנו אל עבר הדפנות הניחו סכך פסול, כגון דבר המקבל טומאה. **אִם יֵשׁ תַּחְתָּיו אַרְבַּע אַמּוֹת** – אם רוחב הסכך הפסול הוא ארבע אמות, הסוכה **פְּסוּלָה**.

יא הָעוֹשֶׂה סֻכָּתוֹ כְּמִין צְרִיף, אוֹ שֶׁסְּמָכָהּ לַכֹּתֶל –
רַבִּי אֱלִיעֶזֶר פּוֹסֵל, מִפְּנֵי שֶׁאֵין לָהּ גַּג,
וַחֲכָמִים מַכְשִׁירִין.
מַחֲצֶלֶת קָנִים גְּדוֹלָה:
עֲשָׂאָהּ לִשְׁכִיבָה – מְקַבֶּלֶת טֻמְאָה וְאֵין מְסַכְּכִין בָּהּ,
לְסִכּוּךְ – מְסַכְּכִין בָּהּ וְאֵינָהּ מְקַבֶּלֶת טֻמְאָה.
רַבִּי אֱלִיעֶזֶר אוֹמֵר:
אַחַת קְטַנָּה וְאַחַת גְּדוֹלָה:
עֲשָׂאָהּ לִשְׁכִיבָה – מְקַבֶּלֶת טֻמְאָה וְאֵין מְסַכְּכִין בָּהּ,
לְסִכּוּךְ – מְסַכְּכִין בָּהּ וְאֵינָהּ מְקַבֶּלֶת טֻמְאָה.

רבי עובדיה מברטנורה

כְּמִין צְרִיף. שֶׁאֵין לָהּ גַּג, וְרָאשֵׁי הַדְּפָנוֹת נוֹגְעוֹת זוֹ בָּזוֹ מִלְמַעְלָה, וּמִתְרַחֲבִים וְהוֹלְכִים מִלְּמַטָּה: **אוֹ שֶׁסְּמָכָהּ.** שֶׁהִטָּה רָאשֵׁי הַקָּנִים עַל הַכֹּתֶל וְהוֹלְכִים בְּשִׁפּוּעַ לְמַטָּה לָאָרֶץ: **מִפְּנֵי שֶׁאֵין לָהּ גַּג.** אֵינוֹ נִכָּר מַהוּ גַּג וּמַהוּ כֹּתֶל. דְּאֹהֶל מְשֻׁפָּע – לָאו שְׁמֵיהּ אֹהֶל, אֶלָּא אִם כֵּן יֵשׁ לוֹ גַּג טֶפַח. וַהֲלָכָה כְּרַבִּי אֱלִיעֶזֶר: **מַחֲצֶלֶת שֶׁל קָנִים וכו׳.** בְּמַחֲצֶלֶת קְטַנָּה – כּוּלֵּי עָלְמָא לָא פְּלִיגֵי דִּסְתָמָא לִשְׁכִיבָה וְאֵין מְסַכְּכִין בָּהּ. כִּי פְּלִיגֵי בִּגְדוֹלָה, תַּנָּא קַמָּא סָבַר: סְתָם גְּדוֹלָה לְסִכּוּךְ עֲבִידָא, וּסְתָם קְטַנָּה לִשְׁכִיבָה. וְהָכִי קָאָמַר: מַחֲצֶלֶת גְּדוֹלָה סְתָמָא לְסִכּוּךְ, וְאִם פֵּרֵשׁ שֶׁעֲשָׂאָהּ לִשְׁכִיבָה – מְקַבֶּלֶת טֻמְאָה וְאֵין מְסַכְּכִין בָּהּ. **וּלְסִכּוּךְ – מְסַכְּכִים בָּהּ**, הָכִי קָאָמַר, וּמַחֲצֶלֶת קְטַנָּה סְתָמָא לִשְׁכִיבָה, וְאִם פֵּרֵשׁ שֶׁיְּהֵא לְסִכּוּךְ – מְסַכְּכִין בָּהּ: **רַבִּי אֱלִיעֶזֶר אוֹמֵר: אַחַת קְטַנָּה וְאַחַת גְּדוֹלָה** סְתָמָן לִשְׁכִיבָה. **וַעֲשָׂאָהּ לִשְׁכִיבָה** דְּקָאָמַר, כְּלוֹמַר עֲשׂוּיוֹת הֵן מִתְּחִלָּתָן סְתָמָא לִשְׁכִיבָה, הִלְכָּךְ אַף הַגְּדוֹלָה **מְקַבֶּלֶת טֻמְאָה וְאֵין מְסַכְּכִין בָּהּ.** וְאִם פֵּרֵשׁ שֶׁהִיא **לְסִכּוּךְ – מְסַכְּכִין בָּהּ.** וְאֵין הֲלָכָה כְּרַבִּי אֱלִיעֶזֶר:

הָעוֹשֶׂה סֻכָּתוֹ כְּמִין צְרִיף – הרמב"ם פירש שזו סוכה שרחבה מלמטה ונעשית צרה למעלה (הציור הימני), ורש"י (יט, ב) פירש שהוא כוך של ציידים (הציור השמאלי), **אוֹ שֶׁסְּמָכָהּ לַכֹּתֶל** – השעין את הדופן בשיפוע על הקיר, ובשני המקרים אין לסוכה גג.

רַבִּי אֱלִיעֶזֶר פּוֹסֵל, מִפְּנֵי שֶׁאֵין לָהּ גַּג – וסוכה צריכה להיות בעלת דפנות וסכך

וַחֲכָמִים מַכְשִׁירִין – ולדעתם הסכך הוא גם דופן וגם סכך.

כפי שהתבאר לעיל (משנה ד), אין לסכך בדבר המקבל טומאה, והמשנה דנה מתי מחצלת המיועדת לשכיבה נחשבת כלי המקבל טומאה ואין לסכך בה.

מַחֲצֶלֶת העשויה **מִקָּנִים**, אם היא **גְּדוֹלָה** – שגודלה יותר מהגודל הנצרך לשכיבת אדם (ר"ן ט, ב), אם **עֲשָׂאָהּ** מתחילה במפורש **לִשְׁכִיבָה** – המחצלת נחשבת כלי, ולפיכך **מְקַבֶּלֶת טֻמְאָה וְאֵין מְסַכְּכִין בָּהּ**.

ואם עשאה מתחילה במפורש **לְסִכּוּךְ** – למטרת סיכוך ועשיית צל, אינה נחשבת לכלי, **וּמְסַכְּכִין בָּהּ**, כיוון **שֶׁאֵינָהּ מְקַבֶּלֶת טֻמְאָה**.

אבל במחצלת קטנה, שגודלה כגודל אדם, דינה כאילו עשאה לשכיבה (ואף אם עשאה בפירוש לסיכוך, בטלה דעתו), ולפיכך מקבלת טומאה ואין מסככין בה.

לעומת תנא קמא, **רַבִּי אֱלִיעֶזֶר אוֹמֵר** שאין חילוק בין המחצלות, אלא **אַחַת קְטַנָּה וְאַחַת גְּדוֹלָה** – אם **עֲשָׂאָהּ לִשְׁכִיבָה**, נחשבת לכלי, ולפיכך **מְקַבֶּלֶת טֻמְאָה וְאֵין מְסַכְּכִין בָּהּ**. ואם עשאה **לְסִכּוּךְ** – אינה נחשבת לכלי, **וּמְסַכְּכִין בָּהּ** כיוון **שֶׁאֵינָהּ מְקַבֶּלֶת טֻמְאָה**.

בגמרא (כ, א) פירשו את המשנה באופן אחר, ראה ברטנורה.

פרק שני

גם פרק זה דן בדיני הסוכה הכשרה, ובהלכות הישיבה בה. בהמשך הפרק (משנה ד והלאה) מבואר מי הם החייבים בסוכה ומה יש לעשות בתוך הסוכה במשך שבעת ימי החג.

א **הַיָּשֵׁן תַּחַת הַמִּטָּה בַּסֻּכָּה – לֹא יָצָא יְדֵי חוֹבָתוֹ.**
אָמַר רַבִּי יְהוּדָה:
נוֹהֲגִין הָיִינוּ, שֶׁהָיִינוּ יְשֵׁנִים תַּחַת הַמִּטָּה בִּפְנֵי הַזְּקֵנִים, וְלֹא אָמְרוּ לָנוּ דָּבָר.

אָמַר רַבִּי שִׁמְעוֹן:
מַעֲשֶׂה בְטָבִי, עַבְדּוֹ שֶׁל רַבָּן גַּמְלִיאֵל, שֶׁהָיָה יָשֵׁן תַּחַת הַמִּטָּה,
וְאָמַר לָהֶן רַבָּן גַּמְלִיאֵל לַזְּקֵנִים:
"רְאִיתֶם טָבִי עַבְדִּי,
שֶׁהוּא תַּלְמִיד חָכָם וְיוֹדֵעַ שֶׁעֲבָדִים פְּטוּרִין מִן הַסֻּכָּה,
לְפִיכָךְ יָשֵׁן הוּא תַּחַת הַמִּטָּה".
וּלְפִי דַּרְכֵּנוּ לָמַדְנוּ, שֶׁהַיָּשֵׁן תַּחַת הַמִּטָּה לֹא יָצָא יְדֵי חוֹבָתוֹ.

רבי עובדיה מברטנורה

הַיָּשֵׁן... לֹא יָצָא יְדֵי חוֹבָתוֹ. וּבִלְבַד שֶׁתְּהֵא הַמִּטָּה גָּבֹהַּ עֲשָׂרָה טְפָחִים, דְּאָז הִיא חֲשׁוּבָה אֹהֶל, וְנִמְצָא אֹהֶל מַפְסִיק בֵּינוֹ לְבֵין הַסֻּכָּה. וְעִקַּר מִצְוַת סֻכָּה: אֲכִילָה, שְׁתִיָּה, שֵׁנָה: **נוֹהֲגִים הָיִינוּ כו'.** דְּקָסָבַר: לָא אָתֵי אֹהֶל עֲרַאי וּמְבַטֵּל אֹהֶל קֶבַע. וְאֵין הֲלָכָה כְּרַבִּי יְהוּדָה: **עֲבָדִים פְּטוּרִים מִן הַסֻּכָּה.** דְּמִצְוַת עֲשֵׂה שֶׁהַזְּמַן גְּרָמָא – נָשִׁים פְּטוּרוֹת, וְכָל מִצְוָה שֶׁהָאִשָּׁה חַיֶּבֶת בָּהּ – עֶבֶד חַיָּב בָּהּ: **וּלְפִי דַּרְכֵּנוּ לָמַדְנוּ.** אַף עַל פִּי שֶׁלֹּא אָמַר אֶלָּא לְשִׂיחַת חֻלִּין בְּעָלְמָא, שֶׁהָיָה מִשְׁתַּבֵּחַ בְּעַבְדּוֹ, לָמַדְנוּ **שֶׁהַיָּשֵׁן תַּחַת הַמִּטָּה כו':**

הַיָּשֵׁן תַּחַת הַמִּטָּה שגובהה עשרה טפחים, שחשובה כאוהל **בַּסֻּכָּה, לֹא יָצָא יְדֵי חוֹבָתוֹ** כיוון שהמיטה מפסיקה בינו ובין הסכך.

אָמַר רַבִּי יְהוּדָה: מותר לישון תחת המיטה, שכן **נוֹהֲגִין הָיִינוּ שֶׁהָיִינוּ יְשֵׁנִים תַּחַת הַמִּטָּה,** ודבר זה היה **בִּפְנֵי הַזְּקֵנִים, וְלֹא אָמְרוּ לָנוּ דָּבָר,** אלא שתקו. ומשתיקתם אנו למדים שאפשר לישון בסוכה מתחת למיטה. רבי יהודה הולך לשיטתו (לעיל א, א) שסוכה צריכה להיות דירת קבע, ולכן המיטה, שהיא אוהל עראי, אינה יכולה לבטל את הסוכה שמעליה, שנחשבת אוהל קבע (גמרא כא, ב).

אָמַר רַבִּי שִׁמְעוֹן: יש להוכיח שהישן תחת המיטה לא יצא ידי חובתו **מִמַּעֲשֶׂה בְטָבִי, עַבְדּוֹ שֶׁל רַבָּן גַּמְלִיאֵל, שֶׁהָיָה יָשֵׁן תַּחַת הַמִּטָּה** בסוכה. עבד כנעני פטור ממצוות סוכה, כנשים (כמבואר להלן משנה ח), ויכול לישון היכן שירצה.

וְאָמַר לָהֶן רַבָּן גַּמְלִיאֵל לַזְּקֵנִים שהיו עמו בסוכה: **"רְאִיתֶם טָבִי עַבְדִּי? שֶׁהוּא תַּלְמִיד חָכָם וְיוֹדֵעַ שֶׁעֲבָדִים פְּטוּרִין מִן הַסֻּכָּה, לְפִיכָךְ יָשֵׁן הוּא תַּחַת הַמִּטָּה"** - לא היה די מקום בסוכה לכל האנשים, והעבד טבי בחר לישון תחת המיטה, ששם אינו מקיים מצוות סוכה, כדי לפנות את המקום לאנשים שחייבים בישיבת הסוכה (ירושלמי ב, א).

וּלְפִי דַרְכֵּנוּ - אגב השבח ששיבח רבן גמליאל את עבדו, **לָמַדְנוּ שֶׁהַיָּשֵׁן תַּחַת הַמִּטָּה לֹא יָצָא יְדֵי חוֹבָתוֹ.**

ב הַסּוֹמֵךְ סֻכָּתוֹ בְּכַרְעֵי הַמִּטָּה - כְּשֵׁרָה.
רַבִּי יְהוּדָה אוֹמֵר:
אִם אֵינָהּ יְכוֹלָה לַעֲמוֹד בִּפְנֵי עַצְמָהּ - פְּסוּלָה.

סֻכָּה הַמְדֻבְלֶלֶת, וְשֶׁצִּלָּתָהּ מְרֻבָּה מֵחַמָּתָהּ - כְּשֵׁרָה.
הַמְעֻבָּה כְּמִין בַּיִת,
אַף עַל פִּי שֶׁאֵין הַכּוֹכָבִים נִרְאִים מִתּוֹכָהּ - כְּשֵׁרָה.

רבי עובדיה מברטנורה

רַבִּי יְהוּדָה אוֹמֵר: אִם אֵינָהּ יְכוֹלָה לַעֲמֹד בִּפְנֵי עַצְמָהּ - פְּסוּלָה. רַבִּי יְהוּדָה לְטַעֲמֵיהּ דְּאָמַר: סֻכָּה דִּירַת קֶבַע בָּעֵינַן. וְאֵין הֲלָכָה כְּרַבִּי יְהוּדָה: מְדֻבְלֶלֶת. שֶׁלֹּא הִשְׁכִּיב הַקָּנִים יַחַד זֶה אֵצֶל זֶה, אֶלָּא קָנֶה עוֹלֶה וְקָנֶה יוֹרֵד, וּמִתּוֹךְ כָּךְ חַמָּתָהּ מְרֻבָּה מִצִּלָּתָהּ, וְאַשְׁמַעִינַן מַתְנִיתִין דְּאָמְרִינָן: רוֹאִים כְּאִלּוּ הָיוּ מְשֻׁכָּבִים בְּשָׁוֶה, וְאִם אָז צִלָּתָהּ מְרֻבָּה - כְּשֵׁרָה:

הַסּוֹמֵךְ סֻכָּתוֹ בְּכַרְעֵי הַמִּטָּה - סוכה שדפנותיה אינן עומדות בפני עצמן אלא נסמכות על רגלי המיטה - הסוכה **כְּשֵׁרָה**.

רַבִּי יְהוּדָה אוֹמֵר: אִם הסוכה **אֵינָהּ יְכוֹלָה לַעֲמוֹד בִּפְנֵי עַצְמָהּ** - אלא נצרכת לרגלי המיטה שיחזיקו אותה, היא רעועה ולכן **פְּסוּלָה** (רבי יהודה סובר שהסוכה צריכה להיות דירת קבע, ראה לעיל א, א).

סֻכָּה הַמְדֻבְלֶלֶת - סוכה שענפי הסכך שלה אינם בגובה אחיד, אלא אחד עולה

ואחד יורד, **וְשֶׁצִּלָּתָהּ מְרֻבָּה מֵחַמָּתָהּ** – אף על פי שיש חללים רבים של אוויר בין ענפי הסכך, הסוכה **כְּשֵׁרָה**, כיוון שהסכך מרובה מהאוויר שבין הענפים.

סוכה **הַמְעֻבָּה כְּמִין בַּיִת** – סוכה שהסכך שלה עבה במיוחד, **אַף עַל פִּי שֶׁאֵין הַכּוֹכָבִים נִרְאִים מִתּוֹכָהּ – כְּשֵׁרָה**. בירושלמי (ב, ג) דייקו ממשנתנו שהיא כשרה בדיעבד, אך לכתחילה צריך שהסכך לא יהיה אטום כל כך, אלא לכל הפחות ייראו מתוכה קרני השמש (על פי פירוש רש"י כב, ב).

ג **הָעוֹשֶׂה סֻכָּתוֹ בְּרֹאשׁ הָעֲגָלָה אוֹ בְּרֹאשׁ הַסְּפִינָה –**
כְּשֵׁרָה, וְעוֹלִין לָהּ בְּיוֹם טוֹב.
בְּרֹאשׁ הָאִילָן אוֹ עַל גַּבֵּי גָמָל –
כְּשֵׁרָה, וְאֵין עוֹלִין לָהּ בְּיוֹם טוֹב.
שְׁתַּיִם בָּאִילָן וְאַחַת בִּידֵי אָדָם,
אוֹ שְׁתַּיִם בִּידֵי אָדָם וְאַחַת בָּאִילָן –
כְּשֵׁרָה, וְאֵין עוֹלִין לָהּ בְּיוֹם טוֹב.
שָׁלֹשׁ בִּידֵי אָדָם וְאַחַת בָּאִילָן –
כְּשֵׁרָה, וְעוֹלִין לָהּ בְּיוֹם טוֹב.
זֶה הַכְּלָל:
כֹּל שֶׁנִּטַּל הָאִילָן וִיכוֹלָה לַעֲמוֹד בִּפְנֵי עַצְמָהּ – כְּשֵׁרָה, וְעוֹלִין לָהּ בְּיוֹם טוֹב.

רבי עובדיה מברטנורה

בְּרֹאשׁ הָעֲגָלָה. אַף עַל גַּב דְּמִטַּלְטְלָא וְלָא קְבִיעָא: **בְּרֹאשׁ הַסְּפִינָה** שֶׁבַּיָּם, שֶׁהָרוּחַ שׁוֹלֶטֶת שָׁם וְעוֹקַרְתָּהּ: **כְּשֵׁרָה.** דְּדִירָה קָרֵינָא בֵּיהּ. וְהוּא שֶׁתְּהֵא יְכוֹלָה לַעֲמֹד בְּרוּחַ מְצוּיָה שֶׁל יַבָּשָׁה: **וְעוֹלִין לָהּ בְּיוֹם טוֹב.** אַיְּדֵי דְּבָעֵי לְמִתְנֵי סֵיפָא **אֵין עוֹלִין** – תָּנָא רֵישָׁא **עוֹלִין**: **בְּרֹאשׁ הָאִילָן.** תִּקֵּן מוֹשָׁבוֹ בְּרֹאשׁוֹ וְעָשָׂה שָׁם מְחִיצוֹת וְסִכֵּךְ: **כְּשֵׁרָה** בְּחֻלּוֹ שֶׁל מוֹעֵד: **וְאֵין עוֹלִין לָהּ בְּיוֹם טוֹב.** דִּגְזוּר רַבָּנָן דְּאֵין עוֹלִין בָּאִילָן וְאֵין מִשְׁתַּמְּשִׁין בּוֹ, שֶׁמָּא יִתְלֹשׁ: **שְׁתַּיִם בָּאִילָן.** סָמַךְ קַרְקַע הַסֻּכָּה רָבָהּ בָּאִילָן, וְעָשָׂה סְבִיבָהּ בְּרֹאשׁ הָאִילָן שְׁתֵּי דְּפָנוֹת, **וְאַחַת** עָשָׂה **בִּידֵי אָדָם** בָּאָרֶץ, וְסָמַךְ קַרְקָעִית הַסֻּכָּה בְּאֶמְצַע הַדֹּפֶן שֶׁעָשָׂה בָּאָרֶץ, וְהִגְבִּיהַּ הַדֹּפֶן מִמֶּנָּה וּלְמַעְלָה עֲשָׂרָה: **אוֹ שְׁתַּיִם בִּידֵי אָדָם וְאַחַת בָּאִילָן.** הוֹאִיל וְאִם יִנָּטֵל תִּפֹּל קַרְקָעִית הַסֻּכָּה, שֶׁאֵין יְכוֹלָה לַעֲמֹד בִּסְמִיכַת שְׁתַּיִם שֶׁבָּאָרֶץ – **אֵין עוֹלִין לָהּ בְּיוֹם טוֹב,** דְּמִשְׁתַּמֵּשׁ בְּאִילָן:

משנה זו דנה בכשרות הסוכה מצד היציבות והקביעות שלה. וכן בגזרות חכמים שלא להשתמש באילן או לרכוב על בהמה בשבת ויום טוב. הכניסה לסוכה קרויה במשנה "עלייה" לסוכה, כיוון שבזמנם היו עושים את רוב הסוכות בגגות הבתים והיה צורך לעלות אליה (רש"י שבת קנד, ב).

הָעוֹשֶׂה את **סֻכָּתוֹ בְּרֹאשׁ הָעֲגָלָה** – ולכן היא מיטלטלת ואינה קבועה, **אוֹ בְּרֹאשׁ הַסְּפִינָה** – ובים יש רוחות חזקות שיכולות לפרק ולעקור אותה, אף על פי כן, הסוכה **כְּשֵׁרָה** – תנא זה סובר שסוכה צריכה להיות דירת עראי, ולכן מותר לבנות סוכה מיטלטלת או כזו שאינה יכולה לעמוד ברוח המצויה בים, **וְעוֹלִין לָהּ בְּיוֹם טוֹב**.

העושה סוכתו **בְּרֹאשׁ הָאִילָן אוֹ עַל גַּבֵּי גָמָל** – **כְּשֵׁרָה** בשאר ימות החג **וְאֵין עוֹלִין לָהּ בְּיוֹם טוֹב** – במשנה במסכת ביצה (ה, ב) מובאת גזרת חכמים שאין לעלות על אילן ולא לרכוב על בהמה בשבת וביום טוב, שמא יתלוש זמורה או ענף לצורכו, ולכן אין להשתמש בסוכה כזו ביום טוב ובשבת.

אם עשה סוכה על העץ, וקרקע הסוכה שתחת **שְׁתַּיִם** מבין הדפנות נסמכת **בָּאִילָן, וְאַחַת** מהדפנות אינה נסמכת בקרקעיתה על האילן, אלא עשויה בחוזק **בִּידֵי אָדָם**. וכן אם: **שְׁתַּיִם** נסמכות **בִּידֵי אָדָם וְאַחַת בָּאִילָן – כְּשֵׁרָה, וְאֵין עוֹלִין לָהּ בְּיוֹם טוֹב** – מפני שאם יינטל האילן תתמוטט הסוכה, והנכנס אל הסוכה משתמש באילן, ואסור ביום טוב.

ולכן, אם **שָׁלֹשׁ** דפנות עשויות **בִּידֵי אָדָם וְאַחַת בָּאִילָן – כְּשֵׁרָה, וְעוֹלִין לָהּ בְּיוֹם טוֹב** – כיוון שהדופן הרביעית אינה מעיקר הסוכה, ואפילו אם תחסר הסוכה תהיה כשרה ויציבה, ונמצא שהסוכה כשרה גם בלי האילן ואינו משתמש בו.

זֶה הַכְּלָל: כָּל שֶׁנִּטַּל הָאִילָן וִיכוֹלָה לַעֲמוֹד בִּפְנֵי עַצְמָהּ – כְּשֵׁרָה, וְעוֹלִין לָהּ בְּיוֹם טוֹב כי אינו משתמש באילן, ואינו בכלל גזרת חכמים.

ד הָעוֹשֶׂה סֻכָּתוֹ בֵּין הָאִילָנוֹת, וְהָאִילָנוֹת דְּפָנוֹת לָהּ – כְּשֵׁרָה.

שְׁלוּחֵי מִצְוָה פְּטוּרִין מִן הַסֻּכָּה.
חוֹלִים וּמְשַׁמְּשֵׁיהֶם פְּטוּרִין מִן הַסֻּכָּה.

אוֹכְלִין וְשׁוֹתִין עֲרַאי חוּץ לַסֻּכָּה.

רבי עובדיה מברטנורה

וְהָאִילָנוֹת דְּפָנוֹת לָהּ – כְּשֵׁרָה. וְהוּא שֶׁהָאִילָנוֹת עָבִים וַחֲזָקִים, וְלָא אָזְלֵי וְאָתוּ בְּרוּחַ מְצוּיָה. וְצָרִיךְ נַמִי לְמַלֹּאות בֵּין הָעֲנָפִים בְּתֶבֶן וְקַשׁ, שֶׁלֹּא תְּזִיזֵם הָרוּחַ. שֶׁכָּל מְחִיצָה שֶׁאֵינָהּ יְכוֹלָה לַעֲמֹד בְּרוּחַ מְצוּיָה – אֵינָהּ מְחִיצָה: **שְׁלוּחֵי מִצְוָה פְּטוּרִים.** שֶׁהָעוֹסֵק בְּמִצְוָה – פָּטוּר מִן הַמִּצְוָה. וְלֹא בִּלְבַד בְּשָׁעָה שֶׁעוֹסְקִין בַּמִּצְוָה פְּטוּרִים, אֶלָּא אֲפִלּוּ בְּשָׁעָה שֶׁאֵין עֲסוּקִים בָּהּ, כְּגוֹן הוֹלֵךְ לְהַקְבִּיל פְּנֵי רַבּוֹ אוֹ לִפְדְיוֹן שְׁבוּיִים – פָּטוּר אַף בִּשְׁעַת חֲנִיָּתוֹ: **חוֹלִין וּמְשַׁמְּשֵׁיהֶן פְּטוּרִין.** וַאֲפִלּוּ בְּחוֹלִי כָּל דְּהוּ. וְהַאי דְּשָׁרֵי לְבַטֵּל מִצְוַת עֲשֵׂה שֶׁל תּוֹרָה מִפְּנֵי חוֹלִי כָּל דְּהוּ, וּמִצְטָעֵר מִפְּנֵי רֵיחַ רַע אוֹ מִפְּנֵי פִּשְׁפְּשִׁים וּפַרְעוֹשִׁים שֶׁהוּא פָּטוּר, וְכֵן הוֹלְכֵי דְּרָכִים וְשׁוֹמְרֵי גִּנּוֹת וּפַרְדֵּסִים דְּפָטְרֵי לְהוּ רַבָּנָן מִן הַסֻּכָּה – טַעֲמָא הָוֵי מִשּׁוּם דִּכְתִיב (ויקרא כג, מב): "בַּסֻּכֹּת תֵּשְׁבוּ", כְּעֵין תָּדוּרוּ. וְכָל הֵיכָא דְּאִית לֵיהּ מִידֵי שֶׁמִּפְּנֵי אוֹתוֹ דָּבָר הָיָה יוֹצֵא מִדִּירָתוֹ – יָכוֹל נַמִי לָצֵאת מִסֻּכָּתוֹ. אֲבָל הָעוֹשֶׂה סֻכָּתוֹ מִתְּחִלָּה בְּמָקוֹם הָרָאוּי לְהִצְטַעֵר בַּאֲכִילָה אוֹ בְּשֵׁנָה, כְּגוֹן בְּמָקוֹם שֶׁמִּתְיָרֵא בּוֹ מִפְּנֵי לִסְטִים בַּשֵּׁנָה, וְאֵין מִתְיָרֵא מִפְּנֵי הַגַּנָּבִים אוֹ לִסְטִים בַּאֲכִילָה – אֲפִלּוּ בַּאֲכִילָה לֹא יָצָא יְדֵי חוֹבָתוֹ בְּאוֹתָהּ סֻכָּה, הוֹאִיל וְאֵינָהּ רְאוּיָה לַעֲשׂוֹת בּוֹ כָּל צְרָכָיו: אֲכִילָה וּשְׁתִיָּה וְשֵׁנָה, דְּהָא כְּעֵין תָּדוּרוּ בָּעֵינָן, וְהָא לָא הָוֵי כְּעֵין דִּירָה: **אוֹכְלִים וְשׁוֹתִים עֲרַאי.** דָּבָר מְעַט לְהָסִיר רַעֲבוֹנוֹ, וְדַעְתּוֹ לִסְעֹד אַחַר כֵּן:

גם משנה זו דנה בדיני סוכה הנסמכת לאילן, ומתחילה רצף הלכות של הישיבה בסוכה: החייבים, הפטורים ומה צריך לעשות בסוכה. כלל חשוב בחובת הישיבה בסוכה הוא שצריכים לשבת ולדור בה כפי שדרים בבית בשאר ימות השנה, ודרשו חכמים (גמרא כו, א) על הפסוק (ויקרא כג, מב) "תשבו בסוכות": "תשבו כעין תדורו", כלומר כמו דירת הבית בשאר ימות השנה, ולכן דברים שעושה כל השנה מחוץ לבית יכול לעשותם מחוץ לסוכה.

הָעוֹשֶׂה סֻכָּתוֹ בֵּין הָאִילָנוֹת, וְהָאִילָנוֹת דְּפָנוֹת לָהּ – האילנות עצמם הם דפנות הסוכה, **כְּשֵׁרָה**, בתנאי שהאילנות צפופים ויציבים שעומדים ברוח מצויה.

שְׁלוּחֵי מִצְוָה - ההולכים לקיים מצוה **פְּטוּרִין מִן הַסֻּכָּה**, מפני ש"העוסק במצווה - פטור מן המצווה" (גמרא כה, א).

חוֹלִים וּמְשַׁמְּשֵׁיהֶם פְּטוּרִין מִן הַסֻּכָּה - מפני שחובת הישיבה בסוכה היא כעין הישיבה בבית במשך שאר ימות השנה, המצטער בסוכה מפני חוליו וכדומה, פטור מישיבת הסוכה, ופטרו אף את המשמשים העוזרים לחולה (ברטנורה).

אוֹכְלִין וְשׁוֹתִין עֲרַאי חוּץ לַסֻּכָּה - אכילה ושתייה מועטות, שלא בקבע, אינן מחייבות ישיבה בסוכה, שכן גם בכל השנה אוכלים מעט מחוץ לבית.

ה מַעֲשֶׂה וְהֵבִיאוּ לוֹ לְרַבָּן יוֹחָנָן בֶּן זַכַּאי לִטְעוֹם אֶת הַתַּבְשִׁיל,
וּלְרַבָּן גַּמְלִיאֵל שְׁתֵּי כוֹתָבוֹת וּדְלִי שֶׁל מַיִם,
וְאָמְרוּ: "הַעֲלוּם לַסֻּכָּה".
וּכְשֶׁנָּתְנוּ לוֹ לְרַבִּי צָדוֹק אֹכֶל פָּחוֹת מִכַּבֵּיצָה,
נְטָלוֹ בְּמַפָּה וַאֲכָלוֹ חוּץ לַסֻּכָּה וְלֹא בֵּרַךְ אַחֲרָיו.

רבי עובדיה מברטנורה

וְאָמְרוּ: "הַעֲלוּם לַסֻּכָּה". וְלֹא מִן הַדִּין, אֶלָּא שֶׁהֶחְמִירוּ עַל עַצְמָן. וְשָׁמְעִינַן מִנָּהּ: שֶׁהַמַּחְמִיר עַל עַצְמוֹ שֶׁלֹּא לֶאֱכֹל אֲפִלּוּ אֲכִילַת עֲרַאי חוּץ לַסֻּכָּה – הֲרֵי זֶה מְשֻׁבָּח: **אֹכֶל פָּחוֹת מִכַּבֵּיצָה, נְטָלוֹ בְּמַפָּה**, מִשּׁוּם נְטִילַת יָדַיִם, וּמִשּׁוּם בְּרוּכֵי נָטַל פָּחוֹת מִכַּבֵּיצָה. דְּאִלּוּ מִשּׁוּם סֻכָּה, הָא אָמְרִינָן (לעיל משנה ד): אוֹכְלִים אֲכִילַת עֲרַאי חוּץ לַסֻּכָּה וַאֲפִלּוּ יוֹתֵר מִכַּבֵּיצָה:

במשנה הקודמת אמרו שמותר לאכול ולשתות עראי מחוץ לסוכה, ובמשנה זו מובאים מעשים בעניין זה.

מַעֲשֶׂה וְהֵבִיאוּ לוֹ לְרַבָּן יוֹחָנָן בֶּן זַכַּאי לִטְעוֹם אֶת הַתַּבְשִׁיל מחוץ לסוכה. **וּלְרַבָּן גַּמְלִיאֵל שְׁתֵּי כוֹתָבוֹת** – שני תמרים, **וּדְלִי שֶׁל מַיִם, וְאָמְרוּ: "הַעֲלוּם לַסֻּכָּה"**, אף שאלו אכילות עראי ופטורים מן הדין, הם החמירו על עצמם לאכול ולשתות בתוך הסוכה.

וּכְשֶׁנָּתְנוּ לוֹ לְרַבִּי צָדוֹק אֹכֶל פָּחוֹת מִכַּבֵּיצָה, נְטָלוֹ בְּמַפָּה – כיוון שהיה כוהן והקפיד על אכילה בטהרה, לא רצה לאכול בלי נטילת ידיים, ואף את השיעור הפחות מכביצה כרך במפה כדי להיפטר מנטילת ידיים (תוספות יום טוב).

וַאֲכָלוֹ חוּץ לַסֻּכָּה כיוון שזו אכילת עראי, **וְלֹא בֵּרַךְ אַחֲרָיו**, כיוון שלדעתו האוכל פחות משיעור כביצה פטור מברכה אחרונה (כדעת רבי יהודה במשנה בברכות ז, ב).

משני מעשים אלו אנו למדים שהרוצה להחמיר על עצמו ולא לשתות או לאכול מחוץ לסוכה, רשאי לעשות כך ואין בזה גאווה, כמו שנהגו רבן יוחנן ורבן גמליאל. ולעומת זאת, הרוצה לעשות כפי הדין, אינו נחשב כמי שאינו מדקדק במצוות, למרות שתלמיד חכם הוא, וכמו שנהג רבי צדוק.

ו **רַבִּי אֱלִיעֶזֶר אוֹמֵר:**

אַרְבַּע עֶשְׂרֵה סְעוּדוֹת חַיָּב אָדָם לֶאֱכוֹל בַּסֻּכָּה, אַחַת בַּיּוֹם וְאַחַת בַּלַּיְלָה.

וַחֲכָמִים אוֹמְרִים:

אֵין לַדָּבָר קִצְבָה, חוּץ מִלֵּילֵי יוֹם טוֹב רִאשׁוֹן שֶׁל הֶחָג בִּלְבַד.

וְעוֹד אָמַר רַבִּי אֱלִיעֶזֶר:

מִי שֶׁלֹּא אָכַל לֵילֵי יוֹם טוֹב הָרִאשׁוֹן –

יַשְׁלִים בְּלֵילֵי יוֹם טוֹב הָאַחֲרוֹן.

וַחֲכָמִים אוֹמְרִים:

אֵין לַדָּבָר תַּשְׁלוּמִין, עַל זֶה נֶאֱמַר:

"מְעֻוָּת לֹא יוּכַל לִתְקֹן, וְחֶסְרוֹן לֹא יוּכַל לְהִמָּנוֹת".

רבי עובדיה מברטנורה

אַרְבַּע עֶשְׂרֵה סְעוּדוֹת. שְׁתֵּי סְעוּדוֹת בְּכָל יוֹם לְשִׁבְעַת הַיָּמִים: **אֵין לַדָּבָר קִצְבָה.** אִם רָצָה לֶאֱכֹל – לֹא יֹאכַל חוּץ לַסֻּכָּה. רָצָה לְהִתְעַנּוֹת – יִתְעַנֶּה, וְאֵין נִזְקָקִין לוֹ: **חוּץ מִלֵּילֵי יוֹם טוֹב הָרִאשׁוֹן.** דְּיָלְפִינַן "חֲמִשָּׁה עָשָׂר" (ויקרא כג, ו) "חֲמִשָּׁה עָשָׂר" (שם, לד) מֵחַג הַמַּצּוֹת, מָה אֲכִילַת מַצָּה לַיְלָה הָרִאשׁוֹן חוֹבָה, מִכָּאן וְאֵילָךְ רְשׁוּת – אַף סֻכָּה כֵּן: **יַשְׁלִים בְּלֵילֵי יוֹם טוֹב הָאַחֲרוֹן.** בְּלֵיל שְׁמִינִי עֲצֶרֶת. וְאֵין הֲלָכָה כְּרַבִּי אֱלִיעֶזֶר בִּשְׁתֵּיהֶן:

רַבִּי אֱלִיעֶזֶר אוֹמֵר: אַרְבַּע עֶשְׂרֵה סְעוּדוֹת חַיָּב אָדָם לֶאֱכוֹל בַּסֻּכָּה – במשך שבעת ימי החג, בכל יום שתי סעודות **אַחַת בַּיּוֹם וְאַחַת בַּלַּיְלָה,** כדרכו בביתו בכל ימות השנה, כפי שהיה נהוג בתקופת המשנה (ראה משנה פאה ח, ז).

וַחֲכָמִים אוֹמְרִים: אֵין לַדָּבָר קִצְבָה – אין שום חובה לסעוד במשך ימי החג, ואם ירצה יכול אפילו להתענות (רש"י כז, א), וכמו בביתו בכל ימות השנה שאוכל כפי רצונו, **חוּץ מִלֵּילֵי יוֹם טוֹב רִאשׁוֹן שֶׁל הֶחָג בִּלְבַד** – שאז חובה לסעוד בסוכה.

וְעוֹד אָמַר רַבִּי אֱלִיעֶזֶר, שאם ביטל את הסעודה ביום טוב, צריך להשלים אותה: **מִי שֶׁלֹּא אָכַל לֵילֵי יוֹם טוֹב הָרִאשׁוֹן – יַשְׁלִים** את סעודתו החסרה במשך ימי החג, וישלים אפילו **בְּלֵילֵי יוֹם טוֹב הָאַחֲרוֹן** של החג, שהוא ליל שמיני עצרת.

וַחֲכָמִים אוֹמְרִים: אֵין לַדָּבָר תַּשְׁלוּמִין, כיוון שהחסיר את סעודת החובה, אין לו תקנה. **וְעַל זֶה נֶאֱמַר** בספר קהלת (א, טו): **"מְעֻוָּת לֹא יוּכַל לִתְקֹן, וְחֶסְרוֹן לֹא יוּכַל לְהִמָּנוֹת".**

ז **מִי שֶׁהָיָה רֹאשׁוֹ וְרֻבּוֹ בַּסֻּכָּה, וְשֻׁלְחָנוֹ בְּתוֹךְ הַבַּיִת – בֵּית שַׁמַּאי פּוֹסְלִין, וּבֵית הִלֵּל מַכְשִׁירִין.**

אָמְרוּ לָהֶן בֵּית הִלֵּל לְבֵית שַׁמַּאי: לֹא כָּךְ הָיָה מַעֲשֶׂה?
שֶׁהָלְכוּ זִקְנֵי בֵית שַׁמַּאי וְזִקְנֵי בֵית הִלֵּל, לְבַקֵּר אֶת רַבִּי יוֹחָנָן בֶּן הַחוֹרָנִי,
וּמְצָאוּהוּ שֶׁהָיָה יוֹשֵׁב רֹאשׁוֹ וְרֻבּוֹ בַּסֻּכָּה, וְשֻׁלְחָנוֹ בְּתוֹךְ הַבַּיִת,
וְלֹא אָמְרוּ לוֹ דָּבָר!

אָמְרוּ לָהֶן בֵּית שַׁמַּאי: מִשָּׁם רְאָיָה? אַף הֵם אָמְרוּ לוֹ:
"אִם כֵּן הָיִיתָ נוֹהֵג – לֹא קִיַּמְתָּ מִצְוַת סֻכָּה מִיָּמֶיךָ".

רבי עובדיה מברטנורה

בֵּית שַׁמַּאי פּוֹסְלִין. וַהֲלָכָה כְּבֵית שַׁמַּאי. בֵּין בְּסֻכָּה גְּדוֹלָה וְהוּא יוֹשֵׁב עַל פֶּתַח הַסֻּכָּה וְשֻׁלְחָנוֹ בְּתוֹךְ הַבַּיִת, בֵּין בְּסֻכָּה קְטַנָּה שֶׁאֵינָהּ מַחֲזֶקֶת רֹאשׁוֹ וְרֻבּוֹ וְשֻׁלְחָנוֹ – הַכֹּל אָסוּר, גְּזֵרָה שֶׁמָּא יִמָּשֵׁךְ אַחַר שֻׁלְחָנוֹ:

משנה זו דנה בגזרה "שמא יימשך אחר שולחנו", וכפי שיתבאר. בתקופת המשנה, מנהג הישיבה בסעודה היה בַּהֲסִבָּה, כלומר שהיו נשענים על צדם השמאלי על יד שולחנות קטנים, ופעמים שבישיבה כזו חלק מגופו היה יוצא מחוץ לסוכה.

מִי שֶׁהָיָה מיסב בסוכה באופן ש**רֹאשׁוֹ וְרֻבּוֹ בַּסֻּכָּה וְשֻׁלְחָנוֹ בְּתוֹךְ הַבַּיִת** – פתח הסוכה שלו היה סמוך לפתח ביתו, ושולחנו היה בבית.

בֵּית שַׁמַּאי פּוֹסְלִין מחשש שמא יימשך אחר שולחנו ויאכל בתוך הבית, **וּבֵית הִלֵּל מַכְשִׁירִין** ולא חששו שיימשך אחר שולחנו.

אָמְרוּ לָהֶן בֵּית הִלֵּל לְבֵית שַׁמַּאי: אף זקני בית מדרשכם חזרו בהם ולא גזרו על מי ששולחנו בתוך הבית, וכי **לֹא כָּךְ הָיָה מַעֲשֶׂה? שֶׁהָלְכוּ זִקְנֵי בֵית שַׁמַּאי וְזִקְנֵי בֵית הִלֵּל, לְבַקֵּר אֶת רַבִּי יוֹחָנָן בֶּן הַחוֹרָנִי, וּמְצָאוּהוּ שֶׁהָיָה יוֹשֵׁב רֹאשׁוֹ וְרֻבּוֹ בַּסֻּכָּה, וְשֻׁלְחָנוֹ בְּתוֹךְ הַבַּיִת, וְלֹא אָמְרוּ לוֹ דָבָר!** ומתוך שתיקתם יש ללמוד שאין איסור בדבר.

אָמְרוּ לָהֶן בֵּית שַׁמַּאי: מִשָּׁם רְאָיָה? אַף הֵם – זקני בית שמאי **אָמְרוּ לוֹ** לרבי יוחנן בן החורני באותו המעמד:

"אִם כֵּן הָיִיתָ נוֹהֵג, לסעוד כששולחנך בתוך הבית – **לֹא קִיַּמְתָּ מִצְוַת סֻכָּה מִיָּמֶיךָ".** יש אומרים שבאופן זה הוא לא יצא ידי חובה אפילו מן התורה, כי יש כוח ביד חכמים לעקור את מצוותו מן התורה (תוספות ג, א ד"ה דאמר). ויש אומרים שכוונת בית שמאי שלא קיים מצות סוכה כראוי, וכתקנת חכמים, אך מן התורה יצא (תפארת ישראל).

ח **נָשִׁים וַעֲבָדִים וּקְטַנִּים – פְּטוּרִים מִן הַסֻּכָּה.**
קָטָן שֶׁאֵינוֹ צָרִיךְ לְאִמּוֹ – חַיָּב בַּסֻּכָּה.
מַעֲשֶׂה וְיָלְדָה כַלָּתוֹ שֶׁל שַׁמַּאי הַזָּקֵן,
וּפִחֵת אֶת הַמַּעֲזִיבָה וְסִכֵּךְ עַל גַּבֵּי הַמִּטָּה בִּשְׁבִיל הַקָּטָן.

רבי עובדיה מברטנורה

נָשִׁים וַעֲבָדִים וּקְטַנִּים כו'. דְּאָמַר קְרָא (ויקרא כג, מב): "כָּל הָאֶזְרָח בְּיִשְׂרָאֵל", לְהוֹצִיא אֶת הַנָּשִׁים, דְּאַף עַל גַּב דְּחַיָּבוֹת בַּאֲכִילַת מַצָּה לֵיל רִאשׁוֹן שֶׁל פֶּסַח – אֵין חַיָּבוֹת בְּסֻכָּה לֵיל רִאשׁוֹן שֶׁל חָג: **קָטָן שֶׁאֵינוֹ צָרִיךְ לְאִמּוֹ.** כָּל שֶׁנֵּעוֹר מִשְּׁנָתוֹ וְאֵינוֹ קוֹרֵא: 'אִמָּא, אִמָּא' – הָוֵי אֵין צָרִיךְ לְאִמּוֹ וְחַיָּב, וּפָחוֹת מִכָּאן – פָּטוּר. וְכֵן הֲלָכָה. וְדַוְקָא שֶׁקּוֹרֵא וְשׁוֹנֶה וְאֵינוֹ שׁוֹתֵק עַד שֶׁתָּבוֹא אִמּוֹ אֵלָיו הוּא דְּנִקְרָא "צָרִיךְ לְאִמּוֹ", אֲבָל קוֹרֵא פַּעַם אַחַת וְשׁוֹתֵק – לָאו "צָרִיךְ לְאִמּוֹ" הוּא:

משנה זו מונה את הפטורים ממצוות הישיבה בסוכה: נשים ועבדים. ומביאה מחלוקת לגבי פטור הקטן.

נָשִׁים... פְּטוּרִים מִן הַסֻּכָּה – משום שנשים פטורות ממצוות עשה שהזמן גרמן (משנה קידושין א, ז, וברטנורה לעיל משנה א).

וַעֲבָדִים... פְּטוּרִים מִן הַסֻּכָּה – משום שעבדים כנעניים חייבים במצוות כאישה.

וּקְטַנִּים שלא הגיעו לגיל מצוות (13 לזכר, ו-12 לנקבה) **פְּטוּרִים מִן הַסֻּכָּה** מן התורה, וסיבה נוספת לפטור שלהם היא שהם צמודים לאימם (והיא פטורה).

אבל **קָטָן שֶׁאֵינוֹ צָרִיךְ לְאִמּוֹ** כבן חמש או שש (רמב"ם הלכות סוכה ו, א) **חַיָּב בַּסֻּכָּה**, מדברי חכמים, כדי לחנכו.

לדעת שמאי הזקן, קטן בכל גיל, ואפילו בן יומו, חייב בסוכה, כפי שנלמד ממעשה שהיה:

מַעֲשֶׂה וְיָלְדָה כַלָּתוֹ שֶׁל שַׁמַּאי הַזָּקֵן, וּפִחֵת אֶת הַמַּעֲזִיבָה – עשה חלל בשכבת הטיח שעל הגג (ראה לעיל א, ז), **וְסִכֵּךְ עַל גַּבֵּי** מקום **הַמִּטָּה בִּשְׁבִיל הַקָּטָן.**

ט **כָּל שִׁבְעַת הַיָּמִים אָדָם עוֹשֶׂה סֻכָּתוֹ קֶבַע וּבֵיתוֹ עֲרַאי.**
יָרְדוּ גְשָׁמִים – מֵאֵימָתַי מֻתָּר לְפַנּוֹת?
מִשֶּׁתִּסְרַח הַמִּקְפָּה.
מָשְׁלוּ מָשָׁל: לְמָה הַדָּבָר דּוֹמֶה?
לְעֶבֶד שֶׁבָּא לִמְזוֹג כּוֹס לְרַבּוֹ, וְשָׁפַךְ לוֹ קִיתוֹן עַל פָּנָיו.

רבי עובדיה מברטנורה

סֻכָּתוֹ קֶבַע. שֶׁאִם יֵשׁ לוֹ כֵּלִים נָאִים וּמַצָּעוֹת נָאוֹת – מַעֲלָן לַסֻּכָּה: **מִשֶּׁתִּסְרַח הַמִּקְפָּה.** מִשֶּׁתִּתְקַלְקֵל הַמִּקְפָּה. כָּל תַּבְשִׁיל שֶׁאֵינוֹ לֹא רַךְ וְלֹא קָשֶׁה אֶלָּא קָפוּי – קָרוּי 'מִקְפָּה'. וְרֹב בְּנֵי אָדָם מוֹאֲסִין תַּבְשִׁיל כָּזֶה, וּבִמְעַט מַיִם מִתְקַלְקֵל לְגַמְרֵי. וּמִקְפָּה שֶׁל גְּרִיסִין שֶׁל פּוֹל הִיא מְמַהֶרֶת לְהִתְקַלְקֵל בַּגְּשָׁמִים יוֹתֵר מִשְּׁאָר מִקְפּוֹת, וְאִם יָרְדוּ גְּשָׁמִים עַד שֶׁאִלּוּ הָיָה לְפָנָיו מִקְפָּה שֶׁל גְּרִיסִין הָיְתָה מִתְקַלְקֶלֶת – מֻתָּר לְפַנּוֹת מִיָּד: **וְשָׁפַךְ לוֹ** רַבּוֹ, **קִיתוֹן עַל פָּנָיו** שֶׁל עֶבֶד, כְּלוֹמַר, אִי אֶפְשִׁי בְּשִׁמּוּשְׁךָ. אַף כָּאן, גְּשָׁמִים הַלָּלוּ מַרְאִין שֶׁאֵין הַקָּבָּ"ה מְקַבֵּל מַעֲשֵׂיהֶם בְּרָצוֹן:

משנה זו קובעת שהישיבה בסוכה היא ישיבת קבע, ומבארת מתי אפשר לחזור מהסוכה לביתו.

כָּל שִׁבְעַת הַיָּמִים של החג **אָדָם עוֹשֶׂה** את **סֻכָּתוֹ** כדירת **קֶבַע, וּבֵיתוֹ** כדירת **עֲרַאי.** כלומר, את כל ענייניו יעשה בסוכה, כגון: אכילה, שתייה, שינה ולימוד תורה, ומקשט את הסוכה בכלים נאים (גמרא כח, ב).

אם **יָרְדוּ גְשָׁמִים** בחג, בזמן שהאדם סועד בסוכה, **מֵאֵימָתַי מֻתָּר לְפַנּוֹת** ולהיכנס לבית?

מִשֶּׁתִּסְרַח הַמִּקְפָּה – שירדו הגשמים עד שהמקפה, כלומר התבשיל, יכול להתקלקל.

חכמים מָשְׁלוּ מָשָׁל לבאר לְמָה הַדָּבָר - ירידת גשמים בחג דּוֹמֶה? לְעֶבֶד שֶׁבָּא לְמְזוֹג כּוֹס לְרַבּוֹ - למהול לו יין במים, כדי שיהיה ראוי לשתייה. העבד הוא עם ישראל הבאים לשמש את הקדוש ברוך הוא, אדונם, אך האדון אינו רוצה בעבודתו, ומתוך כך דחה את העבד וְשָׁפַךְ לוֹ קִיתוֹן - כוס מים, עַל פָּנָיו, וכביכול הקב"ה אינו רוצה שישראל יקיימו את מצוות הסוכה בחג, לפיכך אין להחמיר ולהישאר בסוכה.

משל זה מלמד שגשמים בחג הסוכות הם סימן קללה (משנה תענית א, א).

פרק שלישי

נצטווינו ליטול בחג הסוכות ארבעה מינים, שנאמר (ויקרא כג, מ): "ולקחתם לכם ביום הראשון פרי עץ הדר, כפות תמרים וענף עץ עבות וערבי נחל". על פי מסורת חז"ל (סוכה לב, א-ב, לה, א), ארבעה מינים אלו הם: אתרוג, לולב, הדס וערבה.

פרק זה עוסק במצות נטילת ארבעת המינים, וכולל כמה עניינים: כשרותם של ארבעת המינים (א-ז), אגד הלולב (ח), נענועם של ארבעת המינים בהלל והלכות ההלל (ט-יא) והלכות ארבעת המינים במקדש ובשאר המקומות.

א **לוּלָב הַגָּזוּל וְהַיָּבֵשׁ - פָּסוּל.**
שֶׁל אֲשֵׁרָה וְשֶׁל עִיר הַנִּדַּחַת - פָּסוּל.
נִקְטַם רֹאשׁוֹ, נִפְרְצוּ עָלָיו - פָּסוּל,

נִפְרְדוּ עָלָיו - כָּשֵׁר.
רַבִּי יְהוּדָה אוֹמֵר:
יֶאֶגְדֶנּוּ מִלְמַעְלָה.

צִנֵּי הַר הַבַּרְזֶל - כְּשֵׁרוֹת.

לוּלָב שֶׁיֵּשׁ בּוֹ שְׁלֹשָׁה טְפָחִים כְּדֵי לְנַעְנֵעַ בּוֹ - כָּשֵׁר.

רבי עובדיה מברטנורה

לוּלָב הַגָּזוּל - פָּסוּל. דִּכְתִיב (ויקרא כג, מ): "וּלְקַחְתֶּם לָכֶם", מִשֶּׁלָּכֶם. וּלְאַחַר יֵאוּשׁ בְּעָלִים, נְהִי דְּשֶׁלּוֹ הוּא, שֶׁקּוֹנֶה אוֹתוֹ בְּיֵאוּשׁ - מִכָּל מָקוֹם הָוֵי מִצְוָה הַבָּאָה בַּעֲבֵרָה: **וְהַיָּבֵשׁ - פָּסוּל.** דִּבְכֻלְּהוּ בָּעֵינָן 'הָדָר', וְלֵיכָּא: **שֶׁל אֲשֵׁרָה.** אִילָן הַנֶּעֱבָד: **וְשֶׁל עִיר הַנִּדַּחַת - פָּסוּל.** דְּלִשְׂרֵפָה קָאֵי. וְלוּלָב בָּעֵי שִׁעוּר, וְהָנֵי כֵּיוָן דְּלִשְׂרֵפָה קָיְמִי - אֵין שִׁעוּרָן קַיָּם: **נִקְטַם רֹאשׁוֹ - פָּסוּל.** דְּלָא הָוֵי הָדָר: **נִפְרְצוּ עָלָיו.** וְאֵינָן מְחֻבָּרִין אֶלָּא עַל יְדֵי אֲגִידָה: **נִפְרְדוּ עָלָיו.** מְחֻבָּרִים הֵן בַּשִּׁדְרָה, אֶלָּא שֶׁלְּמַעְלָה הֵן נִפְרָדִין לְכָאן וּלְכָאן כְּעַנְפֵי אִילָן: **יֶאֶגְדֶנּוּ מִלְמַעְלָה.** אִם נִפְרְדוּ עָלָיו - יַאַגְדֵם, שֶׁיִּהְיוּ עוֹלִים עִם הַשִּׁדְרָה כִּשְׁאָר לוּלָבִים. וְאֵין הֲלָכָה כְּרַבִּי יְהוּדָה: **צִנֵּי הַר הַבַּרְזֶל.** יֵשׁ דְּקָלִים שֶׁלּוּלָבִין שֶׁלָּהֶן עֲלֵיהֶן קְצָרִים מְאֹד וְאֵין עוֹלִין עַל אֹרֶךְ הַשִּׁדְרָה. אִם הֵן אֲרֻכִּין כָּל כָּךְ עַד שֶׁרֹאשׁוֹ שֶׁל זֶה מַגִּיעַ לְצַד עִקָּרוֹ שֶׁל זֶה - כְּשֵׁרִים: **כָּל לוּלָב שֶׁיֵּשׁ בּוֹ שְׁלֹשָׁה טְפָחִים.** כְּנֶגֶד אֹרֶךְ הַהֲדַס וְטֶפַח יוֹתֵר, **כְּדֵי לְנַעְנֵעַ בּוֹ,** דְּלוּלָב בָּעֵי לְנַעְנוּעֵי כִּדְלְקַמָּן: **כְּדֵי לְנַעְנֵעַ בּוֹ.** תְּנֵי: וּכְדֵי לְנַעְנֵעַ בּוֹ, דְּהַיְנוּ טֶפַח יוֹתֵר עַל שְׁלֹשָׁה טְפָחִים:

משנה זו עוסקת בכשרות הלולב והוא ענף של עץ הדקל.

לוּלָב הַגָּזוּל... פָּסוּל - כיוון שנטילת לולב זה היא מצווה הבאה בעברה של גזל (גמרא ל, א). **וְהַיָּבֵשׁ** - שצבעו הירוק דהה והלבין, **פָּסוּל** - כיוון שאין בו הדר, וכל ארבעת המינים צריכים הדר, כלומר להיות נאים ויפים (גמרא לא, א).

שֶׁל אֲשֵׁרָה - שנלקח מעץ שנעבד עבודה זרה, **וְשֶׁל עִיר הַנִּדַּחַת** - עיר שכל תושביה הוסתו לעבוד עבודה זרה, ודינו של רכוש העיר הוא להישרף (דברים יג, יז) **פָּסוּל** - כיוון שהם אסורים בהנאה ואין להם ערך ממוני, אי־אפשר לצאת בהם ידי חובה.

נִקְטַם נקצץ **רֹאשׁוֹ** - רוב העלים העליונים שמעל שדרת הלולב (רא"ש סי' ב)

ויש אומרים שהוא העלה העליון האמצעי (ר"ן), וכן אם **נִפְרְצוּ** ונעקרו מהשדרה **עָלָיו** העליונים - אין בו הדר, ולכן **פָּסוּל**. אבל אם **נִפְרְדוּ עָלָיו** זה מזה - **כָּשֵׁר** כיוון שעדיין הדרו עליו.

רַבִּי יְהוּדָה אוֹמֵר: כל לולב **יֹאגְדֶנּוּ מִלְמַעְלָה** - יקשור את העלים כדי שיהיו צמודים יפה.

צִנֵּי דקלי **הַר הַבַּרְזֶל** - לולבים הבאים מדקלים ממקום שנקרא "הר הברזל" (נמצא ממזרח לים המלח), העלים שלהם קצרים ואינם שוכבים אחד על השני, ואף על פי שהם שונים בצורתם - **כְּשֵׁרוֹת**, ובלבד שראשו של כל עלה מגיע לעיקרו של העלה שמעליו.

לוּלָב שֶׁיֵּשׁ בּוֹ, בשדרה שלו, **שְׁלֹשָׁה טְפָחִים**, ועוד טפח נוסף לאחיזה **כְּדֵי לְנַעְנֵעַ בּוֹ** - **כָּשֵׁר**, אך בפחות משיעור זה הלולב פסול (מצוות הנענוע בהלל מבוארת להלן משנה ט).

ב **הֲדַס הַגָּזוּל וְהַיָּבֵשׁ - פָּסוּל.**
שֶׁל אֲשֵׁרָה וְשֶׁל עִיר הַנִּדַּחַת - פָּסוּל.
נִקְטַם רֹאשׁוֹ, נִפְרְצוּ עָלָיו אוֹ שֶׁהָיוּ עֲנָבָיו מְרֻבּוֹת מֵעָלָיו - פָּסוּל,

וְאִם מִעֲטָן - כָּשֵׁר.
וְאֵין מְמַעֲטִין בְּיוֹם טוֹב.

רבי עובדיה מברטנורה

נִקְטַם רֹאשׁוֹ - פָּסוּל. וְלֵית הִלְכְתָא כִּסְתָם מַתְנִיתִין, אֶלָּא כְּרַבִּי טַרְפוֹן, דְּאָמַר לְקַמָּן (משנה ד): "אֲפִלּוּ שְׁלָשְׁתָּן קְטוּמִין - כְּשֵׁרִים". **עֲנָבָיו.** פְּרִי יֵשׁ בּוֹ, שֶׁדּוֹמֶה לַעֲנָבִים: **מְרֻבּוֹת מֵעָלָיו - פָּסוּל.** לֹא שָׁנוּ אֶלָּא שְׁחוֹרוֹת אוֹ אֲדֻמּוֹת, אֲבָל יְרֻקּוֹת - מִינָא דַּהֲדַס הוּא וְכָשֵׁר: **וְאֵין מְמַעֲטִין אוֹתָן בְּיוֹם טוֹב.** דְּהָוֵי לֵיהּ מְתַקֵּן:

משנה זו עוסקת בכשרות ההדס.

הֲדַס הַגָּזוּל שמצוותו באה בעברה, **וְהַיָּבֵשׁ** עד שצבעו דהה, ואין בו הדר - **פָּסוּל**, כמבואר לעיל (משנה א).

שֶׁל אֲשֵׁרָה - שנלקח מעץ שנעבד עבודה זרה, **וְשֶׁל עִיר הַנִּדַּחַת** - עיר שכל תושביה הוסתו לעבוד עבודה זרה, ודינו של רכוש העיר להישרף (דברים יג, יז) **פָּסוּל** - כיוון שהם אסורים בהנאה ואין להם ערך ממוני, אי־אפשר לצאת בהם ידי חובה.

נִקְטַם רֹאשׁוֹ של ענף ההדס... - **פָּסוּל** כיוון שאין בו הדר.

נִפְרְצוּ נעקרו רוב **עָלָיו...** - **פָּסוּל** כיוון שהעלים אינם מכסים את ההדס, ואינו נקרא "עָבֹת" (ויקרא כג, מ, על פי הגמרא לב, ב).

אוֹ שֶׁהָיוּ עֲנָבָיו - פירות הגדלים על ההדס **מְרֻבּוֹת** יותר **מֵעָלָיו - פָּסוּל** כיוון שאין זה הדר.

וְאִם מִעֲטָן - קטף מפירות ההדס עד שהעלים נהיו הרוב - **כָּשֵׁר.**

וְאֵין מְמַעֲטִין בְּיוֹם טוֹב כיוון שמיעוט זה מכשיר את ההדס למצווה, ודומה למלאכת מתקן כלי (רמב"ם הלכות סוכה ח, ב).

ג עֲרָבָה גְזוּלָה וִיבֵשָׁה - פְּסוּלָה,
שֶׁל אֲשֵׁרָה וְשֶׁל עִיר הַנִּדַּחַת - פְּסוּלָה,
נִקְטַם רֹאשָׁהּ, נִפְרְצוּ עָלֶיהָ, וְהַצַּפְצָפָה - פְּסוּלָה,
כְּמוּשָׁה וְשֶׁנָּשְׁרוּ מִקְצָת עָלֶיהָ וְשֶׁל בַּעַל - כְּשֵׁרָה.

רבי עובדיה מברטנורה

נִקְטַם רֹאשָׁהּ - פְּסוּלָה. אַף זוֹ אֵינָהּ הֲלָכָה: **צַפְצָפָה.** מִין עֲרָבָה וְעָלֶה שֶׁלָּהּ עָגֹל: **וְשֶׁל בַּעַל.** שֶׁגְּדֵלָה בַּשָּׂדֶה וְלֹא בַּנַּחַל, כְּשֵׁרָה. לֹא נֶאֱמַר (ויקרא כג, מ): "עַרְבֵי נָחַל", אֶלָּא שֶׁדִּבֵּר הַכָּתוּב בַּהֹוֶה:

משנה זו עוסקת בכשרות הערבה.

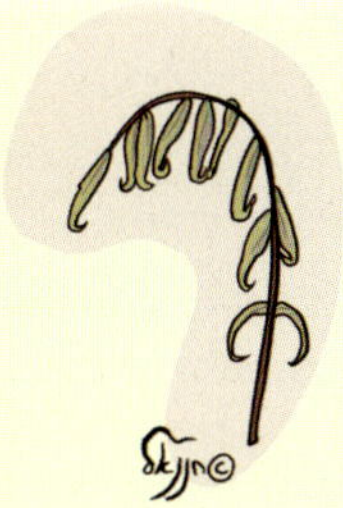

עֲרָבָה גְזוּלָה, שמצוותה באה בעברה **וִיבֵשָׁה** עד שצבעה דהה ואין בה הדר - **פְּסוּלָה**, כמבואר לעיל (משנה א).

שֶׁל אֲשֵׁרָה - שנלקח מעץ שנעבד עבודה זרה, **וְשֶׁל עִיר הַנִּדַּחַת** - עיר שכל תושביה הוסתו ועבדו עבודה זרה, ודינו של רכוש העיר להישרף (דברים יג, יז) **פָּסוּל** - כיוון שהם אסורים בהנאה ואין להם ערך ממוני, אי־אפשר לצאת בהם ידי חובה.

נִקְטַם רֹאשָׁהּ, נִפְרְצוּ עָלֶיהָ, וְהַצַּפְצָפָה - מין ערבה שעליה עגולים, וגדלה בהרים - **פְּסוּלָה** כיוון שאינה בכלל "ערבי **נחל**" הגדלים במקום מים.

כְּמוּשָׁה - יבשה מהלחות שלה, אך המראה הירוק שלה לא דהה, **וְשֶׁנָּשְׁרוּ** רק **מִקְצָת עָלֶיהָ... כְּשֵׁרָה** כיוון שעדיין יש בה הדר.

וְשֶׁל בַּעַל - הגדילה בשדה ולא בנחל **כְּשֵׁרָה**, מפני שהערבה צריכה להיות ממין "ערבי נחל", אך לא צריכה לגדול על הנחל ממש.

ד **רַבִּי יִשְׁמָעֵאל אוֹמֵר:**
שְׁלֹשָׁה הֲדַסִּים וּשְׁתֵּי עֲרָבוֹת, לוּלָב אֶחָד וְאֶתְרוֹג אֶחָד,
אֲפִלּוּ שְׁנַיִם קְטוּמִים וְאֶחָד אֵינוֹ קָטוּם.
רַבִּי טַרְפוֹן אוֹמֵר:
אֲפִלּוּ שְׁלָשְׁתָּן קְטוּמִים.
רַבִּי עֲקִיבָא אוֹמֵר:
כְּשֵׁם שֶׁלּוּלָב אֶחָד וְאֶתְרוֹג אֶחָד – כָּךְ הֲדַס אֶחָד וַעֲרָבָה אַחַת.

רבי עובדיה מברטנורה

אֲפִלּוּ שְׁנַיִם קְטוּמִין. אַהֲדַסִּים קָאֵי. וּבַגְּמָרָא פָּרֵיךְ (לד, ב): אִי קָטוּם פָּסוּל וְהוּא מַצְרִיךְ שְׁלֹשָׁה – לִיבְעֵי כֻּלְּהוּ שְׁלֵמִים, וְאִי קָטוּם כָּשֵׁר – לִיכְשַׁר שְׁלָשְׁתָּן קְטוּמִים! וּמַסִּיק, דְּחָזַר בּוֹ רַבִּי יִשְׁמָעֵאל מִתְּחִלַּת דְּבָרָיו שֶׁהָיָה מַצְרִיךְ שְׁלֹשָׁה הֲדַסִּים, וּמַכְשִׁיר אֲפִלּוּ שְׁנַיִם קְטוּמִין. וְהוּא הַדִּין אִי לָא מַיְתֵי לְהוּ כְּלָל, דִּקְטוּמִין כְּמַאן דְּלֵיתִנְהוּ דָּמֵי: **אֲפִלּוּ שְׁלָשְׁתָּן קְטוּמִין.** דְּלָא בָּעֵי הָדָר בַּהֲדָס. וַהֲלָכָה כְּרַבִּי טַרְפוֹן:

במשנה זו מבואר כמה נוטלים מכל מין מארבעת המינים.

רַבִּי יִשְׁמָעֵאל אוֹמֵר: שְׁלֹשָׁה הֲדַסִּים וּשְׁתֵּי עֲרָבוֹת, לוּלָב אֶחָד וְאֶתְרוֹג אֶחָד בגמרא (לד, ב) מבואר שדרש את המספרים האלו מלשון הכתוב. ושלשת ההדסים כשרים **אֲפִלּוּ** אם **שְׁנַיִם קְטוּמִים** בראשם **וְאֶחָד אֵינוֹ קָטוּם.** ובזמנים קדומים נהגו להוסיף הדסים כדי לפאר את אגד הלולב, ויש שנהגו להוסיף כ-70 הדסים כנגד פרי החג (ראה לקמן ה, ו) או 69 כמנין הד"ס בגימטריה (אוצר הגאונים עמ' 43).

רַבִּי טַרְפוֹן אוֹמֵר: אֲפִלּוּ אם **שְׁלָשְׁתָּן קְטוּמִים** – רבי טרפון חולק על האמור במשנה ב, וסובר שהדס הקטום כשר. לדעתו, כיוון שיופיו של ההדס הוא שהעלים מקיפים ומכסים את הענף, הקטימה אינה ניכרת ואינה פוגעת בהדרו (רא"ש סי' יד). לעומת ההדס, הלולב והערבה נפסלים בקטימה גם לדעת רבי טרפון.

רַבִּי עֲקִיבָא חולק על מספר המינים הנצרכים, ואומר: **כְּשֵׁם שֶׁלּוּלָב אֶחָד וְאֶתְרוֹג אֶחָד – כָּךְ** די **בַּהֲדַס אֶחָד וַעֲרָבָה אַחַת.**

במטבעות שמצאו מימי בר כוכבא, שהיה תלמידו של רבי עקיבא, אנו מוצאים לולב אחד, הדס אחד וערבה אחת, ומשמע שהם נהגו כרבי עקיבא.

מטבע מזמן בר כוכבא, וכתוב עליו בעברית עתיקה: חירות ירושלים

ה **אֶתְרוֹג הַגָּזוּל וְהַיָּבֵשׁ - פָּסוּל,**
שֶׁל אֲשֵׁרָה וְשֶׁל עִיר הַנִּדַּחַת - פָּסוּל,
שֶׁל עָרְלָה - פָּסוּל,

שֶׁל תְּרוּמָה טְמֵאָה - פָּסוּל.
שֶׁל תְּרוּמָה טְהוֹרָה - לֹא יִטֹּל,
וְאִם נָטַל - כָּשֵׁר.

שֶׁל דְּמַאי -
בֵּית שַׁמַּאי פּוֹסְלִין, וּבֵית הִלֵּל מַכְשִׁירִין.

שֶׁל מַעֲשֵׂר שֵׁנִי בִּירוּשָׁלַיִם - לֹא יִטֹּל,
וְאִם נָטַל - כָּשֵׁר.

רבי עובדיה מברטנורה

שֶׁל עָרְלָה וְשֶׁל תְּרוּמָה טְמֵאָה - פָּסוּל. דְּאָמַר קְרָא (ויקרא כג, מ): "וּלְקַחְתֶּם לָכֶם", שֶׁיִּהְיֶה רָאוּי לָכֶם: **וְאִם נָטַל - כָּשֵׁר.** שֶׁהֲרֵי יֵשׁ בָּהּ הֶתֵּר אֲכִילָה: **וּבֵית הִלֵּל מַכְשִׁירִין.** דְּהָא חֲזִי לַעֲנִיִּים, כִּדְתְנַן (משנה דמאי ג, א): מַאֲכִילִין אֶת הָעֲנִיִּים דְּמַאי: **בִּירוּשָׁלַיִם כו'.** אֲבָל חוּץ לִירוּשָׁלַיִם - לֹא, דְּבָעֵינָן "לָכֶם", שֶׁיְּהֵא רָאוּי לָכֶם:

משנה זו עוסקת בכשרות האתרוג.

אֶתְרוֹג הַגָּזוּל ומצוותו באה בעברה **וְהַיָּבֵשׁ** עד שצבעו דהה, ואין בו הדר - **פָּסוּל.**

שֶׁל אֲשֵׁרָה - שנלקח מעץ שנעבד עבודה זרה, **וְשֶׁל עִיר הַנִּדַּחַת** - עיר שכל תושביה הוסתו ועבדו עבודה זרה, ודינו של רכוש העיר להישרף (דברים יג, יז) **פָּסוּל** - כיוון שהם אסורים בהנאה ואין להם ערך ממוני, אי־אפשר לצאת בהם ידי חובה.

שֶׁל עָרְלָה - בשלוש השנים הראשונות לנטיעתו של עץ, פירותיו אסורים באכילה (ויקרא יט, כג), ואתרוג כזה **פָּסוּל.**

וכן אתרוג **שֶׁל תְּרוּמָה טְמֵאָה** טעון שרפה ואסור באכילה (משנה תמורה ז, ה), **וּפָסוּל** למצות ארבעת המינים.

הפסול של אתרוג של ערלה ושל תרומה טמאה הוא מפני שכתוב: "ולקחתם לכם", ולמדו חכמים (גמרא לה, א) שהמינים צריכים להיות ראויים "לכם", שנוכל ליהנות מהם בכל דרכי הנאתם.

אתרוג **שֶׁל תְּרוּמָה טְהוֹרָה - לֹא יִטֹּל** לכתחילה, שמא מההתעסקות באתרוג עם שאר המינים הוא יוכשר לקבל טומאה וייטמא (ההכשר נעשה על ידי מגע מים, ובדרך כלל המינים לחים מהשרייה במים, כמבואר להלן משנה טז), ונמצא שהפסיד את התרומה ואסר אותה.

וְאִם נָטַל, כָּשֵׁר - כיוון שבזמן נטילתו הוא ראוי לאכילה.

אתרוג **שֶׁל דְּמַאי** - שהגיע מידי עם הארץ, וספק אם הופרשו מעשרותיו,

בֵּית שַׁמַּאי פּוֹסְלִין - כיוון שהוא אסור באכילה, **וּבֵית הִלֵּל מַכְשִׁירִין** - כיוון שלדעתם הדמאי מותר באכילה לעניים (משנה דמאי ג, א), וכל אדם יכול להיחשב עני על ידי הפקרת נכסיו.

אתרוג **שֶׁל מַעֲשֵׂר שֵׁנִי בִּירוּשָׁלַיִם** - לכתחילה **לֹא יִטֹּל**, שמא האתרוג יוכשר לקבל טומאה וייטמא, ונמצא שהפסיד את המעשר ואסר אותו.

וְאִם נָטַל, כָּשֵׁר - כיוון שבזמן נטילתו הוא ראוי לאכילה בירושלים.

ו עָלְתָה חֲזָזִית עַל רֻבּוֹ, נִטְּלָה פִּטְמָתוֹ,
נִקְלַף, נִסְדַּק, נִקַּב וְחָסֵר כָּל שֶׁהוּא – פָּסוּל.
עָלְתָה חֲזָזִית עַל מִעוּטוֹ, נִטַּל עֻקְצוֹ,
נִקַּב וְלֹא חָסֵר כָּל שֶׁהוּא – כָּשֵׁר.

אֶתְרוֹג הַכּוּשִׁי – פָּסוּל.
וְהַיָּרֹק כְּכַרְתִּי –
רַבִּי מֵאִיר מַכְשִׁיר, וְרַבִּי יְהוּדָה פּוֹסֵל.

רבי עובדיה מברטנורה

עָלְתָה חֲזָזִית. כְּמִין אֲבַעְבּוּעוֹת דַּקּוֹת: **עַל רֻבּוֹ.** בְּמָקוֹם אֶחָד הוּא דְּבָעֵינָן רֻבּוֹ, אֲבָל בִּשְׁנַיִם אוֹ בִּשְׁלֹשָׁה מְקוֹמוֹת – אֲפִלּוּ עַל מִעוּטוֹ פָּסוּל. וְעַל פִּטְמָתוֹ – אֲפִלּוּ כָּל שֶׁהוּא פָּסוּל, שֶׁשָּׁם הוּא נִרְאֶה יוֹתֵר מִבִּשְׁאָר מְקוֹמוֹת: **פִּטְמָתוֹ.** הַדַּד שֶׁבְּרֹאשׁוֹ. כְּמוֹ פִּטְמָא שֶׁל רִמּוֹן: **נִקְלַף – פָּסוּל.** וְדַוְקָא שֶׁנִּקְלַף כֻּלּוֹ, אֲבָל מִקְצָתוֹ – כָּשֵׁר. וְאִית דְּאָמְרִי אִיפְּכָא, נִקְלַף מִקְצָתוֹ – פָּסוּל, דְּמֶחֱזֵי כִּמְנֻמָּר, אֲבָל נִקְלַף כֻּלּוֹ – כָּשֵׁר. וְהַאי נִקְלַף, לָאו שֶׁהֻסְרָה הַקְּלִפָּה עַד שֶׁנִּרְאָה הַלַּבְנוּנִית שֶׁבְּתוֹכוֹ, דְּהַאי הָוֵי חָסֵר וּפָסוּל, אֶלָּא שֶׁנִּקְלַף מִמֶּנּוּ גֶּלֶד דַּק וּמַרְאֵהוּ יָרֹק כַּאֲשֶׁר בַּתְּחִלָּה: **נִקַּב.** נֶקֶב מְפֻלָּשׁ מֵעֵבֶר אֶל עֵבֶר – אֲפִלּוּ בְּכָל שֶׁהוּא פָּסוּל. וְשֶׁאֵינוֹ מְפֻלָּשׁ וְאֵינוֹ חָסֵר כְּלוּם, כְּגוֹן שֶׁתָּחַב בּוֹ יָתֵד עָבֶה, אִם הַנֶּקֶב רָחָב כְּאִסָּר – פָּסוּל, פָּחוֹת מִכָּאן – כָּשֵׁר. וְהַיְנוּ נִקַּב וְלֹא חָסֵר כָּל שֶׁהוּא – כָּשֵׁר, דִּתְנֵינָן לְקַמָּן: שֶׁאֵינוֹ מְפֻלָּשׁ וְאֵינוֹ רָחָב כְּאִסָּר: **אֶתְרוֹג הַכּוּשִׁי.** שֶׁגָּדַל כָּאן וְהוּא שָׁחֹר – פָּסוּל. אֲבָל כּוּשִׁי שֶׁגָּדַל בְּאֶרֶץ כּוּשׁ – אָרְחֵיהּ הוּא וְכָשֵׁר: **וְרַבִּי יְהוּדָה פּוֹסֵל.** וַהֲלָכָה כְּרַבִּי יְהוּדָה. וְכָל הָנֵי – פְּסוּלִים בְּיוֹם טוֹב רִאשׁוֹן, אֲבָל בְּיוֹם טוֹב שֵׁנִי עִם שְׁאָר הַיָּמִים – הַכֹּל כָּשֵׁר:

גם משנה זו עוסקת בכשרות האתרוג.

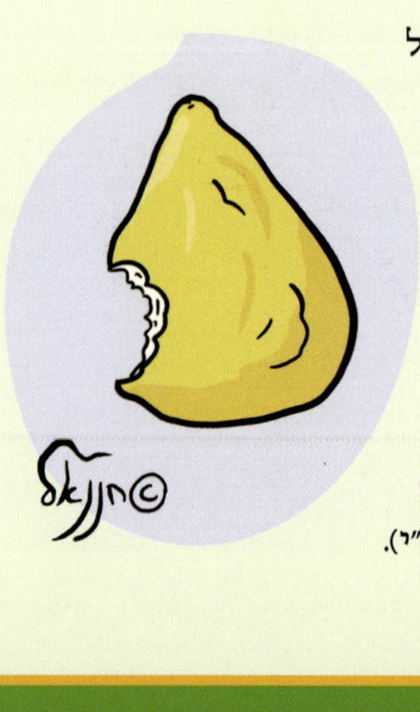

עָלְתָה על פני האתרוג **חֲזָזִית** – עיפוש באתרוג שכולל שינוי בצבעו, כעין אבעבועות **עַל רֻבּוֹ**, **נִטְּלָה פִּטְמָתוֹ** הגדלה בראשו, **נִקְלַף** נחסרה ממנו קליפתו, **נִסְדַּק...** **פָּסוּל** – חלק מפגמים אלו באתרוג פוסלים מפני שפוגמים את היופי של האתרוג, ואינו הדר, וחלק פוסלים מפני שהאתרוג חסר משלמות גופו, כדוגמת הניקב להלן.

נִקַּב האתרוג **וְחָסֵר כָּל שֶׁהוּא** מגופו – **פָּסוּל**, כיוון שביום הראשון נאמר "ולקחתם לכם" (ויקרא כג, מ), דרשו חכמים ולקח-תם, שלקיחת המינים צריכה להיות תמה ובשלמות, בלא חסרון (סוכה לד, ב ורש"י).

עָלְתָה חֲזָזִית עַל מִעוּטוֹ בלבד, **נִטַּל עֻקְצוֹ** - זנב הפרי שעל ידו הוא מחובר אל העץ,

נִקַּב וְלֹא חָסַר כָּל שֶׁהוּא, כגון שנתחבה בו מחט שלא החסירה כלל מגוף האתרוג - **כָּשֵׁר**.

אֶתְרוֹג הַכּוּשִׁי - צבעו שחור, **פָּסוּל** כיוון שהוא משונה. ובארצות שבהם האתרוגים רגילים להיות שחורים - כשר.

וְהַיָּרֹק כְּכַרְתִּי - מין ירק שעליו ירוקים, מזוהה בימינו עם הַכְּרֵשָׁה, שהוא כעין בצל (על פי רש"י ברכות מד, ב), ויש אומרים שהוא כצבע העשבים (תוספות רא"ש לא, ב).

רַבִּי מֵאִיר מַכְשִׁיר, וְרַבִּי יְהוּדָה פּוֹסֵל, כיוון שצבע הפרי מעיד עליו שעדיין לא הבשיל כל צורכו.

ז **שִׁעוּר אֶתְרוֹג הַקָּטָן –**
רַבִּי מֵאִיר אוֹמֵר: כָּאֱגוֹז,
רַבִּי יְהוּדָה אוֹמֵר: כַּבֵּיצָה.
וּבַגָּדוֹל – כְּדֵי שֶׁיֹּאחֵז שְׁנַיִם בְּיָדוֹ אַחַת:
דִּבְרֵי רַבִּי יְהוּדָה.
רַבִּי יוֹסֵי אוֹמֵר: אֲפִלּוּ אֶחָד בִּשְׁתֵּי יָדָיו.

רבי עובדיה מברטנורה

רַבִּי יְהוּדָה אוֹמֵר כַּבֵּיצָה. וַהֲלָכָה כְּרַבִּי יְהוּדָה דְּפָחוֹת מִכַּבֵּיצָה פָּסוּל: **רַבִּי יוֹסֵי אוֹמֵר: אֲפִלּוּ בִּשְׁתֵּי יָדָיו.** וַהֲלָכָה כְּרַבִּי יוֹסֵי:

משנה זו עוסקת בכשרות האתרוג מצד גודלו.

נחלקו חכמים מהו **שִׁעוּר** גודלו של **אֶתְרוֹג הַקָּטָן**, ויהיה כשר.

רַבִּי מֵאִיר אוֹמֵר: כָּאֱגוֹז, רַבִּי יְהוּדָה אוֹמֵר: כַּבֵּיצָה. אתרוג הקטן משיעור זה פסול מפני שעדיין לא נגמר הפרי ואין עליו שם 'אתרוג'.

וּבַגָּדוֹל – שיעור הגודל המרבי של אתרוג הכשר הוא **כְּדֵי שֶׁיֹּאחֵז שְׁנַיִם בְּיָדוֹ אַחַת, דִּבְרֵי רַבִּי יְהוּדָה**, מפני שלפעמים בעת הנטילה האדם צריך לאחוז בידו אחת את האתרוג עם אגודת שאר המינים, חששו חכמים שלא יוכל לעשות כן עם אתרוג גדול מִדַּי, והוא ייפול מידו וייפסל (כגון שיֵּארע בו נקב, ראה לעיל משנה ו).

רַבִּי יוֹסֵי אוֹמֵר: אֲפִלּוּ גדול כל כך שאוחז אתרוג **אֶחָד בִּשְׁתֵּי יָדָיו** – כשר, ואין חוששים שמא יצטרך לאחוז את האתרוג עם האגודה ביד אחת. בגמרא (לו, ב) מבואר שלדעת רבי יוסי אפילו אתרוג גדול מאוד שצריך לשאת אותו על כתפיו כשר.

ח **אֵין אוֹגְדִין אֶת הַלּוּלָב אֶלָּא בְּמִינוֹ,**
דִּבְרֵי רַבִּי יְהוּדָה.
רַבִּי מֵאִיר אוֹמֵר: אֲפִלּוּ בִּמְשִׁיחָה.

אָמַר רַבִּי מֵאִיר:
מַעֲשֶׂה בְּאַנְשֵׁי יְרוּשָׁלַיִם, שֶׁהָיוּ אוֹגְדִין אֶת לוּלְבֵיהֶן בְּגִימוֹנִיּוֹת שֶׁל זָהָב.
אָמְרוּ לוֹ: בְּמִינוֹ הָיוּ אוֹגְדִין אוֹתוֹ מִלְּמַטָּה.

רבי עובדיה מברטנורה

בְּגִימוֹנִיּוֹת שֶׁל זָהָב. חוּטֵי זָהָב כְּפוּפִין כְּגִימוֹן, כְּמוֹ: "הֲלָכֹף כְּאַגְמֹן" (ישעיה נח, ה), וְסוֹבְבִין הָאֲגֻדָּה: **בְּמִינוֹ הָיוּ אוֹגְדִין אוֹתוֹ מִלְּמַטָּה.** לְקַיֵּם מִצְוַת אֶגֶד. וְזֶה לְנוֹי בְּעָלְמָא הֲוָה. וְרַבִּי יְהוּדָה לְטַעֲמֵיהּ, דְּאָמַר: לוּלָב צָרִיךְ אֶגֶד. הִלְכָּךְ, אִי אֲגִיד לֵיהּ שֶׁלֹּא בְּמִינוֹ – הָווּ לְהוּ חֲמִשָּׁה מִינִין. וַאֲנַן קַיְמָא לָן דְּלוּלָב אֵין צָרִיךְ אֶגֶד, הִלְכָּךְ בְּהָא הֲלָכָה כְּרַבִּי מֵאִיר:

משנה זו עוסקת בחיבור הלולב עם ההדס והערבה.

אֵין אוֹגְדִין אֶת הַלּוּלָב אֶלָּא בְּמִינוֹ – בחומר העשוי ממינו של הלולב או ההדס או הערבה, **דִּבְרֵי רַבִּי יְהוּדָה.** לדעת רבי יהודה יש חובה לאגוד את שלושת מינים אלו, וכיוון שהאגידה היא חלק עיקרי מהמצווה, אם יעשה אותה במין אחר – נמצא שנוטל חמישה מינים, ועובר על 'בל תוסיף'.

רַבִּי מֵאִיר אוֹמֵר: אין מצווה לאגוד, אלא רק מפני נוי המצווה, ולכן מין האגד אינו מצטרף למצוות ארבעת המינים ומותר לאגוד **אֲפִלּוּ בִּמְשִׁיחָה** – חוט בכל מין שהוא, ואינו עובר על 'בל תוסיף'.

אָמַר רַבִּי מֵאִיר: ראיה לדבריי מ**מַּעֲשֶׂה** שהיה **בְּאַנְשֵׁי יְרוּשָׁלַיִם, שֶׁהָיוּ אוֹגְדִין אֶת לוּלְבֵיהֶן בְּגִימוֹנִיּוֹת שֶׁל זָהָב** – חוטי זהב כפופים.

אָמְרוּ לוֹ: אין ראיה ממעשה זה, כיוון שאף אנשי ירושלים **בְּמִינוֹ הָיוּ אוֹגְדִין אוֹתוֹ מִלְּמַטָּה** – מלבד חוטי הזהב, שנעשו לנוי, היו אוגדים את המינים מתחת לחוטים אלו בחומר העשוי מאחד מהמינים הכשרים, ובכך היו מקיימים מצוות אגד.

ט וְהֵיכָן הָיוּ מְנַעְנְעִין?
בְּ"הוֹדוּ לַה'" תְּחִלָּה וָסוֹף, וּבְ"אָנָּא ה' הוֹשִׁיעָה נָּא",
דִּבְרֵי בֵּית הִלֵּל.
וּבֵית שַׁמַּאי אוֹמְרִים: אַף בְּ"אָנָּא ה' הַצְלִיחָה נָא".

אָמַר רַבִּי עֲקִיבָא:
צוֹפֶה הָיִיתִי בְּרַבָּן גַּמְלִיאֵל וּבְרַבִּי יְהוֹשֻׁעַ,
שֶׁכָּל הָעָם הָיוּ מְנַעְנְעִין אֶת לוּלְבֵיהֶן,
וְהֵן לֹא נִעְנְעוּ אֶלָּא בְּ"אָנָּא ה' הוֹשִׁיעָה נָּא".

מִי שֶׁבָּא בַּדֶּרֶךְ וְלֹא הָיָה בְיָדוֹ לוּלָב לִטּוֹל,
לִכְשֶׁיִּכָּנֵס לְבֵיתוֹ – יִטֹּל עַל שֻׁלְחָנוֹ.
לֹא נָטַל שַׁחֲרִית – יִטֹּל בֵּין הָעַרְבַּיִם,
שֶׁכָּל הַיּוֹם כָּשֵׁר לַלּוּלָב.

רבי עובדיה מברטנורה

וְהֵיכָן הָיוּ מְנַעְנְעִין. הָשְׁתָּא מְהַדַר תַּנָּא לְהָא דִּתְנֵינָן לְעֵיל (משנה א): "כָּל לוּלָב שֶׁיֵּשׁ בּוֹ שָׁלֹשׁ טְפָחִים כְּדֵי לְנַעְנֵעַ", אַלְמָא מִצְוָה בְּנִעְנוּעַ. **וְהֵיכָן מְנַעְנְעִים? בְּ"הוֹדוּ לַה'" תְּחִלָּה.** תְּחִלַּת הַמִּקְרָא: **וָסוֹף.** סוֹף הַמִּקְרָא: "כִּי לְעוֹלָם חַסְדּוֹ". וְאִית דִּמְפָרְשִׁי: תְּחִלָּה – "הוֹדוּ" רִאשׁוֹן. וָסוֹף: "הוֹדוּ" אַחֲרוֹן שֶׁבְּסוֹף הַהַלֵּל. וְהָכִי מִסְתַּבְּרָא. וְכֵיצַד מְנַעְנֵעַ? מוֹלִיךְ וּמֵבִיא, כְּדֵי לַעֲצֹר רוּחוֹת רָעוֹת; מַעֲלֶה וּמוֹרִיד, כְּדֵי לַעֲצֹר טְלָלִים רָעִים. וּבַהוֹלָכָה – מְנַעְנֵעַ שְׁלֹשָׁה פְּעָמִים, וְכֵן בַּהֲבָאָה, וְכֵן בַּעֲלִיָּה, וְכֵן בִּירִידָה, עַל כָּל אַחַת וְאַחַת – שְׁלֹשָׁה פְּעָמִים: **וְהֵן לֹא נִעְנְעוּ אֶלָּא בְּ"אָנָּא ה' הוֹשִׁיעָה נָּא"** בִּלְבַד, וְאֵין כָּךְ הֲלָכָה, אֶלָּא כְּדִבְרֵי בֵּית הִלֵּל: **יִטֹּל עַל שֻׁלְחָנוֹ.** אִם שָׁכַח וְלֹא נָטַל לוּלָב קֹדֶם אֲכִילָה – יַפְסִיק סְעוּדָתוֹ וְיִטֹּל עַל שֻׁלְחָנוֹ:

משנה זו עוסקת במצוות הנענוע של ארבעת המינים באמירת ההלל. עיקר הדין של נטילת המינים הוא בהגבהתם, וחכמים תיקנו שהמצווה תֵעשה בהידור, ויִנענע את הלולב בזמן הנטילה, ובמקומות מסויימים בהלל, הנאמר בימי החג.

כמו כן, המשנה עוסקת בזמן הנטילה במשך היום, על פי הפסוק (ויקרא כג, מ): "ולקחתם לכם ביום הראשון פרי עץ וכו'", שמצוות הנטילה היא ביום דווקא.

וְהֵיכָן הָיוּ מְנַעְנְעִין את הלולב ומיניו?

בְּ"הוֹדוּ לַה'" תְּחִלָּה וָסוֹף, וּבְ"אָנָּא ה' הוֹשִׁיעָה נָּא" – פרק קיח בתהלים, הנאמר בהלל,

נפתח ומסתיים בפסוק "הודו לה' כי טוב כי לעולם חסדו", ובאמצע המזמור ישנו הפסוק "אנא ה' הושיעה נא". בפסוקים אלו יש לנענע, **דִּבְרֵי בֵית הִלֵּל**. פסוקים אלו מבטאים את ישועת ה' וחסדו עלינו, ובזמן השמחה הגדולה של החג אנו חוגגים עם ארבעת המינים ושמחים בישועת ה'.

וּבֵית שַׁמַּאי אוֹמְרִים: מנענע **אַף בְּ"אָנָּא ה' הַצְלִיחָה נָא"**, שהוא המשך הפסוק הפותח "אנא ה' הושיעה נא".

אָמַר רַבִּי עֲקִיבָא: צוֹפֶה הָיִיתִי התבוננתי **בְּרַבָּן גַּמְלִיאֵל וּבְרַבִּי יְהוֹשֻׁעַ**, וראיתי **שֶׁכָּל הָעָם** שהיו עמהם **הָיוּ מְנַעְנְעִין אֶת לוּלְבֵיהֶן** ב"אנא ה' הצליחה נא", כדברי בית שמאי, **וְהֵן** - רבן גמליאל ורבי יהושע **לֹא נִעְנְעוּ אֶלָּא בְּ"אָנָּא ה' הוֹשִׁיעָה נָּא"**, כדברי בית הלל.

מִי שֶׁבָּא בַּדֶּרֶךְ - מהלך בדרך **וְלֹא הָיָה בְּיָדוֹ לוּלָב לִטֹּול** בתחילת זמנה של המצווה,

לִכְשֶׁיִּכָּנֵס לְבֵיתוֹ, יִטֹּל עַל שֻׁלְחָנוֹ - ומכאן למדנו שאסור להתחיל בסעודה עד שיקיים את מצוות ארבעת המינים.

לֹא נָטַל את ארבעת המינים **שַׁחֲרִית** - בבוקר, **יִטֹּל בֵּין הָעַרְבַּיִם** - בסוף היום, לקראת הערב,

שֶׁכָּל הַיּוֹם עד הלילה **כָּשֵׁר לַלּוּלָב** ומיניו. אבל לכתחילה צריך ליטול את ארבעת המינים בבוקר, כיוון ש"זריזים מקדימים למצוות" (פסחים ד, א).

י מִי שֶׁהָיָה עֶבֶד אוֹ אִשָּׁה אוֹ קָטָן מַקְרִין אוֹתוֹ –
עוֹנֶה אַחֲרֵיהֶן מַה שֶּׁהֵן אוֹמְרִין,
וּתְהִי לוֹ מְאֵרָה!
אִם הָיָה גָּדוֹל מַקְרֶא אוֹתוֹ – עוֹנֶה אַחֲרָיו: "הַלְלוּיָהּ".

רבי עובדיה מברטנורה

מִי שֶׁהָיָה עֶבֶד אוֹ אִשָּׁה אוֹ קָטָן וכו'. מִי שֶׁאֵינוֹ חַיָּב בְּדָבָר – אֵינוֹ מוֹצִיא אֲחֵרִים יְדֵי חוֹבָתָן, לְכָךְ צָרִיךְ שֶׁיַּעֲנֶה אַחֲרָיו מִלָּה בְּמִלָּה מָה שֶׁהוּא אוֹמֵר: **וּתְהֵא לוֹ מְאֵרָה.** שֶׁלֹּא לָמַד: **עוֹנֶה אַחֲרָיו: "הַלְלוּיָהּ".** עַל כָּל דָּבָר שֶׁהוּא אוֹמֵר, שֶׁכָּךְ הָיוּ רְגִילִין לַעֲנוֹת אַחַר מַקְרֵא אֶת הַהַלֵּל עַל כָּל דָּבָר וְדָבָר "הַלְלוּיָהּ":

בתקופת המשנה, מעטים ידעו את ההלל בעל פה, וכיוון שסידורים לא היו מצויים, לרוב היו מקריאים את ההלל, והמשנה דנה בסדר הקראת ההלל.

מִי שֶׁהָיָה עֶבֶד אוֹ אִשָּׁה אוֹ קָטָן מַקְרִין אוֹתוֹ – אדם שאינו יודע לקרוא בעצמו את ההלל, ולכן רוצה שאחד מאלו יקריא לו את ההלל, ואלו אינם חייבים במצוות ההלל, שכן נשים ועבדים פטורים ממצוות עשה שהזמן גרמן והקטן אינו חייב במצוות, **עוֹנֶה אַחֲרֵיהֶן מַה שֶּׁהֵן אוֹמְרִין** – חוזר על דברי הקורא מילה במילה כדי לצאת ידי חובתו, **וּתְהִי לוֹ מְאֵרָה!** אף שבאופן זה הוא יוצא ידי חובה, תבוא עליו קללה, כיוון שלא למד בעצמו לקרוא, והוא נצרך לאחד מאלו שיקריא לו.

לעומת זאת, **אִם הָיָה גָּדוֹל** שחייב במצוות **מַקְרֶא אוֹתוֹ** מילה במילה ומוציאו ידי חובה בשמיעתו – **עוֹנֶה אַחֲרָיו "הַלְלוּיָהּ"** בסוף כל קטע, להלל את ה', כדרך הקריאה לפי מנהגם בבית הכנסת, שכולם היו יוצאים על ידי שליח הציבור ועונים כך (רש"י לח, ב ד"ה ממנהגא).

יא **מָקוֹם שֶׁנָּהֲגוּ לִכְפּוֹל – יִכְפֹּל,**
לִפְשׁוֹט – יִפְשֹׁט,
לְבָרֵךְ אַחֲרָיו – יְבָרֵךְ אַחֲרָיו,
הַכֹּל כְּמִנְהַג הַמְּדִינָה.

הַלּוֹקֵחַ לוּלָב מֵחֲבֵרוֹ בַּשְּׁבִיעִית –
נוֹתֵן לוֹ אֶתְרוֹג בְּמַתָּנָה, לְפִי שֶׁאֵין רַשַּׁאי לְלָקְחוֹ בַּשְּׁבִיעִית.

רבי עובדיה מברטנורה

מָקוֹם שֶׁנָּהֲגוּ לִכְפּוֹל. כָּל פָּסוּק וּפָסוּק מֵ"אוֹדְךָ" וּלְמַטָּה עַד סוֹף הַהַלֵּל – כּוֹפְלִים, לְפִי שֶׁכָּל אוֹתוֹ הַפֶּרֶק מֵ"הוֹדוּ לַה' כִּי טוֹב" עַד "אוֹדְךָ כִּי עֲנִיתָנִי" – כֻּלּוֹ כָּפוּל בַּמִּקְרָא, וּמֵ"אוֹדְךָ" וּלְמַטָּה – אֵינוֹ כָּפוּל, לְכָךְ נָהֲגוּ לִכְפֹּל הַמִּקְרָאוֹת הַלָּלוּ: **לְבָרֵךְ אַחֲרָיו. הַכֹּל כְּמִנְהַג הַמְּדִינָה.** אֲבָל בִּרְכַּת הַלֵּל לְפָנָיו – מִצְוָה הִיא בְּכָל מָקוֹם, וְאֵינוֹ תָּלוּי בְּמִנְהָג: **הַלּוֹקֵחַ לוּלָב מֵחֲבֵרוֹ** עַם הָאָרֶץ: **בַּשְּׁבִיעִית.** שֶׁעַם הָאָרֶץ חָשׁוּד עַל הַשְּׁבִיעִית. וְנִהִי דִּדְמֵי לוּלָב יָכוֹל לִתֵּן לוֹ, לְפִי שֶׁלּוּלָב עֵץ בְּעָלְמָא הוּא, וְאֵין בּוֹ קְדֻשַּׁת שְׁבִיעִית – דְּמֵי אֶתְרוֹג אֵינוֹ יָכוֹל לִתֵּן לוֹ, שֶׁפֵּרוֹת שְׁבִיעִית צְרִיכִין לְהִתְבָּעֵר בַּשְּׁבִיעִית, הֵן וּדְמֵיהֶן. הִלְכָּךְ, צָרִיךְ שֶׁיִּקַּח מִמֶּנּוּ **הָאֶתְרוֹג בְּמַתָּנָה** וְלֹא יִתֵּן לוֹ דָּמָיו, שֶׁמָּא לֹא יְבַעֵר עַם הָאָרֶץ בִּקְדֻשַּׁת שְׁבִיעִית:

גם משנה זו דנה בדיני ההלל, ומסיימת בקניית ארבעת המינים בשנת השמיטה.

מָקוֹם שֶׁנָּהֲגוּ לִכְפּוֹל את הפסוקים האחרונים שבהלל: "אודך ה' כי עֲניתני" והלאה **- יִכְפֹּל,**

ובמקום שנהגו **לִפְשׁוֹט** לקרוא פעם אחת ללא כפילה **- יִפְשֹׁט.** מקום שנהגו **לְבָרֵךְ אַחֲרָיו –** ברכה אחרונה על ההלל: "יהללוך ה' אלהינו כל מעשיך וכו'", **יְבָרֵךְ אַחֲרָיו. הַכֹּל כְּמִנְהַג הַמְּדִינָה.**

פירות השנה השביעית קדושים הם, ואסור להשתמש בהם לצרכים שאינם אכילה ושתייה, כגון רפואה, וכל שכן שאסור להפסיד אותם. הקדושה חלה גם על המעות שניתנו בעבור גידולים אלו, וצריך להשתמש בהן בהתאם, על כן אמרו חכמים שאסור למסור מעות של שביעית לעם הארץ שלא ינהג בהן כראוי לקדושתן. בארבעת המינים, רק האתרוג הוא פרי שקדוש בקדושת שביעית.

הַלּוֹקֵחַ – הקונה **לוּלָב מֵחֲבֵרוֹ** עם הארץ שאינו בקי בהלכות שביעית, אינו רשאי לקנות ממנו את האתרוג **בַּשְּׁבִיעִית**, אלא המוכר **נוֹתֵן לוֹ אֶתְרוֹג בְּמַתָּנָה, לְפִי שֶׁאֵין רַשַּׁאי לְלָקְחוֹ בַּשְּׁבִיעִית** – בקנייה של פירות שביעית, קדושתם חלה על הכסף שניתן בתמורתם, ואסור לתת כסף זה למי שלא יקפיד לנהוג בו כראוי.

יב בָּרִאשׁוֹנָה הָיָה לוּלָב נִטָּל בַּמִּקְדָּשׁ שִׁבְעָה,
וּבַמְּדִינָה יוֹם אֶחָד.
מִשֶּׁחָרַב בֵּית הַמִּקְדָּשׁ הִתְקִין רַבָּן יוֹחָנָן בֶּן זַכַּאי,
שֶׁיְּהֵא לוּלָב נִטָּל בַּמְּדִינָה שִׁבְעָה, זֵכֶר לַמִּקְדָּשׁ,
וְשֶׁיְּהֵא יוֹם הָנֵף כֻּלּוֹ אָסוּר.

רבי עובדיה מברטנורה

בַּמִּקְדָּשׁ – שִׁבְעָה. כִּדְדָרְשִׁינָן (ויקרא כג, מ): "לִפְנֵי ה' אֱלֹהֵיכֶם שִׁבְעַת יָמִים", וְלֹא בַּגְּבוּלִין שִׁבְעַת יָמִים: **בַּמְּדִינָה.** בִּירוּשָׁלַיִם, שֶׁאַף הִיא כַּגְּבוּלִים לְעִנְיָן זֶה: **וְשֶׁיְּהֵא יוֹם הָנֵף** שֶׁל עֹמֶר, דְּהַיְנוּ יוֹם ט"ז בְּנִיסָן: **כֻּלּוֹ אָסוּר.** וּבִזְמַן שֶׁבֵּית הַמִּקְדָּשׁ קַיָּם, מִשֶּׁקָּרַב הָעֹמֶר הָיוּ אוֹכְלִים חָדָשׁ בּוֹ בַּיּוֹם, דִּכְתִיב (ויקרא כג, יד): "עַד הֲבִיאֲכֶם". וּכְשֶׁחָרֵב בֵּית הַמִּקְדָּשׁ – מֻתָּר מִן הַתּוֹרָה מִשֶּׁהֵאִיר הַמִּזְרָח, דְּאָמְרִינָן (ראה גמרא מא, א): כָּתוּב אֶחָד אוֹמֵר (שם): "עַד עֶצֶם הַיּוֹם הַזֶּה", דְּמַשְׁמַע מִשֶּׁהֵאִיר הַמִּזְרָח, וְכָתוּב אֶחָד אוֹמֵר: "עַד הֲבִיאֲכֶם", הָא כֵּיצַד? בִּזְמַן דְּאִיכָּא עֹמֶר – "עַד הֲבִיאֲכֶם", בִּזְמַן דְּלֵיכָּא עֹמֶר – "עַד עֶצֶם הַיּוֹם". וְאָסַר רַבָּן יוֹחָנָן בֶּן זַכַּאי עֲלֵיהֶם כָּל הַיּוֹם, מִשּׁוּם מְהֵרָה יִבָּנֶה בֵּית הַמִּקְדָּשׁ וְיֹאמְרוּ: אֶשְׁתָּקַד מִי לָא הֲוָה אָכְלִינָן מִשֶּׁהֵאִיר הַמִּזְרָח? הַשְׁתָּא נַמִּי נֵיכוּל!:

משנה זו מבארת באלו ימים בחג הסוכות נוטלים את הלולב ומיניו.

בָּרִאשׁוֹנָה בזמן שבית המקדש היה קיים, **הָיָה לוּלָב נִטָּל** עם שאר המינים **בַּמִּקְדָּשׁ, שִׁבְעָה** – כל שבעת ימי החג, ואפילו כשחל יום טוב ראשון בשבת (להלן ד, ב).

וּבַמְּדִינָה - בשאר גבולי ישראל מחוץ לבית המקדש, **יוֹם אֶחָד** - ביום טוב הראשון בלבד.

מִשֶּׁחָרַב בֵּית הַמִּקְדָּשׁ הִתְקִין רַבָּן יוֹחָנָן בֶּן זַכַּאי, שֶׁיְּהֵא לוּלָב נִטָּל בַּמְּדִינָה שִׁבְעָה - כל שבעת ימי החג, **זֵכֶר לַמִּקְדָּשׁ.**

תקנה נוספת של רבן יוחנן בן זכאי זכר למקדש: **וְשֶׁיְּהֵא יוֹם הָנֵף** - יום ט"ז בניסן, שבו הנפת והקרבת מנחת העומר, **כֻּלּוֹ אָסוּר** באכילת התבואה החדשה. בזמן שבית המקדש קיים אסור לאכול מהתבואה של השנה החדשה עד אחר הקרבת העומר (ויקרא כג, יד), וכשאין בית המקדש קיים, אכילת התבואה מותרת כבר מתחילת היום. רבן יוחנן בן זכאי תיקן לאחר החורבן שכל אותו היום אסור באכילת התבואה, שלא יטעו כשייבנה בית המקדש ויאכלו תבואה חדשה כבר בתחילת היום.

יג **יוֹם טוֹב הָרִאשׁוֹן שֶׁל הֶחָג שֶׁחָל לִהְיוֹת בַּשַּׁבָּת,**
כָּל הָעָם מוֹלִיכִין אֶת לוּלְבֵיהֶן לְבֵית הַכְּנֶסֶת.
לַמָּחֳרָת מַשְׁכִּימִין וּבָאִין, כָּל אֶחָד וְאֶחָד מַכִּיר אֶת שֶׁלּוֹ, וְנוֹטְלוֹ,
מִפְּנֵי שֶׁאָמְרוּ חֲכָמִים:
אֵין אָדָם יוֹצֵא יְדֵי חוֹבָתוֹ בְּיוֹם טוֹב הָרִאשׁוֹן שֶׁל הֶחָג, בְּלוּלָבוֹ שֶׁל חֲבֵרוֹ,
וּשְׁאָר יְמוֹת הֶחָג - אָדָם יוֹצֵא יְדֵי חוֹבָתוֹ בְּלוּלָבוֹ שֶׁל חֲבֵרוֹ.

רבי עובדיה מברטנורה

יוֹם טוֹב רִאשׁוֹן וכו'. דְּאָמְרִינַן לְקַמָּן (ד, ו): דְּמִצְוַת לוּלָב דּוֹחָה אֶת הַשַּׁבָּת בְּיוֹם טוֹב רִאשׁוֹן לְבַדּוֹ, לְפִיכָךְ הָיוּ מוֹלִיכִין שָׁם לוּלְבֵיהֶן מֵעֶרֶב שַׁבָּת: **אֵין אָדָם יוֹצֵא וכו'.** דִּכְתִיב (ויקרא כג, מ): "וּלְקַחְתֶּם לָכֶם בַּיּוֹם הָרִאשׁוֹן", "לָכֶם" - מִשֶּׁלָּכֶם. וְאִם נְתָנוֹ לוֹ חֲבֵרוֹ בְּמַתָּנָה, אֲפִלּוּ עַל מְנָת לְהַחֲזִיר - שְׁמָהּ מַתָּנָה, וְנוֹטְלוֹ וְיוֹצֵא בּוֹ, וְאַחַר כָּךְ מַחֲזִירוֹ. וְאִם לֹא הֶחֱזִירוֹ - אִגַּלַּאי מִלְּתָא לְמַפְרֵעַ דְּגָזוּל הָיָה בְּיָדוֹ מֵעִקָּרָא, וְלֹא יָצָא יְדֵי חוֹבָתוֹ:

משנה זו מתארת כיצד היא מצוות נטילת הלולב ומיניו מחוץ לבית המקדש (להלן ד, ד מתוארת המצווה בבית המקדש). משנה זו עוסקת בזמן שבית המקדש היה קיים, שהיו נוטלים את ארבעת המינים ביום טוב הראשון שחל בשבת בכל מקום, אך בזמן הזה אין מצוות ארבעת המינים בשבת.

יוֹם טוֹב הָרִאשׁוֹן שֶׁל הֶחָג שֶׁחָל לִהְיוֹת בַּשַּׁבָּת, בערב שבת **כָּל הָעָם** היו **מוֹלִיכִין אֶת לוּלְבֵיהֶן** עם שאר המינים **לְבֵית הַכְּנֶסֶת,** מפני שבשבת אסור להוציא את הלולב ומיניו מרשות לרשות (ראה משנה שבת א, א).

לַמָּחֳרָת, בשבת בבוקר, **מַשְׁכִּימִין וּבָאִין** לבית הכנסת, **כָּל אֶחָד וְאֶחָד מַכִּיר אֶת** הלולב **שֶׁלּוֹ, וְנוֹטְלוֹ.**

הקפידו מאוד שכל אחד ייקח דווקא את הלולב שלו **מִפְּנֵי שֶׁאָמְרוּ חֲכָמִים: אֵין אָדָם יוֹצֵא יְדֵי חוֹבָתוֹ בְּיוֹם טוֹב הָרִאשׁוֹן שֶׁל הֶחָג, בְּלוּלָבוֹ שֶׁל חֲבֵרוֹ** - שהרי נאמר (ויקרא כג, מ): "ולקחתם לכם ביום הראשון וגו'", ולמדו חכמים (גמרא כט, א): "לכם - משלכם". **וּשְׁאָר יְמוֹת הֶחָג** שאחר היום טוב הראשון, **אָדָם יוֹצֵא יְדֵי חוֹבָתוֹ** אף **בְּלוּלָבוֹ שֶׁל חֲבֵרוֹ,** כיוון שעל שאר הימים לא נאמר "ולקחתם לכם".

יד רַבִּי יוֹסֵי אוֹמֵר:
יוֹם טוֹב הָרִאשׁוֹן שֶׁל הֶחָג שֶׁחָל לִהְיוֹת בַּשַּׁבָּת,
וְשָׁכַח וְהוֹצִיא אֶת הַלּוּלָב לִרְשׁוּת הָרַבִּים - פָּטוּר,
מִפְּנֵי שֶׁהוֹצִיאוֹ בִּרְשׁוּת.

רבי עובדיה מברטנורה

פָּטוּר, מִפְּנֵי שֶׁהוֹצִיאוֹ בִּרְשׁוּת. וּכְגוֹן שֶׁלֹּא יָצָא יְדֵי חוֹבַת נְטִילָה בְּשָׁעָה שֶׁהוֹצִיאוֹ. אֲבָל יָצָא יְדֵי חוֹבַת נְטִילָה קֹדֶם שֶׁהוֹצִיאוֹ – חַיָּב, דְּלָא טְרִיד מֵהָשְׁתָּא בְּמִצְוָה לַעֲשׂוֹתָהּ. וְהֵיכִי מַשְׁכַּחַת דְּלָא יָצָא יְדֵי חוֹבַת נְטִילָה קֹדֶם שֶׁהוֹצִיאוֹ, דְּהָא מִדְּאַגְבְּהֵיהּ נְפַק בֵּיהּ? מַשְׁכַּחַת לֵיהּ כְּגוֹן שֶׁהֲפָכוֹ, שֶׁכָּל הַמִּצְוֹת כֻּלָּן אֵין אָדָם יוֹצֵא בָּהֶן אֶלָּא דֶּרֶךְ גְּדִילָתָן, שֶׁנֶּאֱמַר (שמות כו, טו): "עֲצֵי שִׁטִּים עֹמְדִים", שֶׁעוֹמְדִים דֶּרֶךְ גְּדִילָתָן. אִי נַמִּי, שֶׁהוֹצִיאָן בִּכְלִי, דִּלְקִיחָה עַל יְדֵי דָּבָר אַחֵר דֶּרֶךְ בִּזָּיוֹן – לָאו שְׁמָהּ לְקִיחָה. וַהֲלָכָה כְּרַבִּי יוֹסֵי:

משנה זו ממשיכה את קודמתה, שם התבאר שבזמן בית המקדש היו נוטלים ארבעת המינים ביום טוב הראשון אפילו אם חל בשבת, אבל בשבת אסור להוציא את המינים מרשות לרשות.

רַבִּי יוֹסֵי אוֹמֵר: יוֹם טוֹב הָרִאשׁוֹן שֶׁל הֶחָג שֶׁחָל לִהְיוֹת בַּשַּׁבָּת ואסור להוציא מרשות לרשות, **וְשָׁכַח וְהוֹצִיא אֶת הַלּוּלָב** ומיניו **לִרְשׁוּת הָרַבִּים** כדי לצאת בהם ידי חובה עם הציבור בבית הכנסת – ועבר על איסור הוצאה בשוגג, שדינו בדרך כלל הוא להביא חטאת (משנה שבת ז, ג), אך כאן **פָּטוּר** מקרבן חטאת **מִפְּנֵי שֶׁהוֹצִיאוֹ בִּרְשׁוּת** מצווה – בהתעסקות המותרת לו, כלומר מתוך הטרדה והמחשבה על המצווה שעוסק בה וממהר לעשותה (ר"ן כ, א).

טו **מְקַבֶּלֶת אִשָּׁה מִיַּד בְּנָהּ וּמִיַּד בַּעְלָהּ, וּמַחֲזִירַתּוּ לַמַּיִם בַּשַּׁבָּת.**

רַבִּי יְהוּדָה אוֹמֵר:

בַּשַּׁבָּת – מַחֲזִירִין,

בְּיוֹם טוֹב – מוֹסִיפִין,

וּבַמּוֹעֵד – מַחֲלִיפִין.

קָטָן הַיּוֹדֵעַ לְנַעְנֵעַ – חַיָּב בַּלּוּלָב.

רבי עובדיה מברטנורה

מְקַבֶּלֶת אִשָּׁה אֶת הַלּוּלָב, וְלָא אָמְרִינַן דִּמְטַלְטֶלֶת מִידִי דְּלָא חֲזִי לָהּ: **וּמַחְזֶרֶת לַמַּיִם.** שֶׁלֹּא יִכְמְשׁוּ: **בַּשַּׁבָּת – מַחֲזִירִים.** שֶׁהֲרֵי מֵהֶם נְטָלוּם הַיּוֹם. אֲבָל לֹא מוֹסִיפִים, וְכָל שֶׁכֵּן שֶׁאֵין מַחֲלִיפִין: **בְּיוֹם טוֹב – מוֹסִיפִין.** אֲבָל לֹא מַחֲלִיפִים, לִשְׁפֹּךְ אֵלּוּ וְלָתֵת צוֹנְנִין מֵהֶן, דְּטָרַח לְתַקֵּן מָנָא: **וּבַמּוֹעֵד.** בְּחֹל הַמּוֹעֵד מִצְוָה לְהַחֲלִיף. וַהֲלָכָה כְּרַבִּי יְהוּדָה: **חַיָּב בַּלּוּלָב.** לְחַנְּכוֹ מִדִּבְרֵי סוֹפְרִים:

המשנה מבארת כיצד אפשר לשמור על לחות המינים בימות החג, כדי שלא יתייבשו וייפסלו, ומסיימת בחובת הקטן בארבעת המינים.

מְקַבֶּלֶת אִשָּׁה מִיַּד בְּנָהּ וּמִיַּד בַּעְלָהּ את הלולב עם האגד שלו, **וּמַחֲזִירַתּוּ לַמַּיִם בַּשַּׁבָּת** - לכלי שהיו בו מים קודם לכן, כדי שלא יתייבשו. אף שהאישה אינה מחויבת במצווה זו ככל מצוות עשה שהזמן גרמן (לעיל ב, ח), יש תורת כלי על ארבעת המינים, ולכן הם אינם מוקצה ומותרים בטלטול (רש"י מב, א ד"ה קא משמע לן).

רַבִּי יְהוּדָה אוֹמֵר: בַּשַּׁבָּת - מַחֲזִירִין לכלי המים, אבל לא מוסיפים או מחליפים את המים, מפני שזו טרחה לצורך תיקון המינים, והדבר נחשב כתיקון כלי.

בְּיוֹם טוֹב - מוֹסִיפִין מים על אלו שהיו כבר, אבל לא מחליפים בחדשים.

וּבַמּוֹעֵד - מַחֲלִיפִין, בימי חול המועד מותר להחליף את המים שבכלי למים חדשים, ואף מצווה לעשות כן, כדי שהמינים לא יתייבשו.

קָטָן הַיּוֹדֵעַ לְנַעֲנֵעַ את הלולב כדינו (ראה לעיל משנה ט) **חַיָּב** מדרבנן **בַּלּוּלָב** כדי לחנכו במצוות.

פרק רביעי

פרק זה מתאר כיצד קיימו את מצוות לולב במקדש, ומסיים בתיאור של מנהגי הערבה וניסוך המים.

א לוּלָב וַעֲרָבָה - שִׁשָּׁה וְשִׁבְעָה,
הַהַלֵּל וְהַשִּׂמְחָה - שְׁמוֹנָה,
סֻכָּה וְנִסּוּךְ הַמַּיִם - שִׁבְעָה,
וְהֶחָלִיל - חֲמִשָּׁה וְשִׁשָּׁה.

רבי עובדיה מברטנורה

לוּלָב וַעֲרָבָה. לוּלָב לִנְטִילָה, וַעֲרָבָה לְהַקִּיף הַמִּזְבֵּחַ: **שִׁשָּׁה וְשִׁבְעָה.** לְפִי שֶׁפְּעָמִים דּוֹחִים אֶת הַשַּׁבָּת, וְהָווּ לְהוּ שִׁבְעָה, וּפְעָמִים שֶׁאֵין דּוֹחִין, וְלָא הָווּ אֶלָּא שִׁשָּׁה. וּלְקַמָּן מְפָרֵשׁ לְהוּ וְאָזֵיל: **וְהַהַלֵּל.** לִגְמֹר כָּל שְׁמֹנָה, מַה שֶּׁאֵין כֵּן בְּפֶסַח, לְפִי שֶׁיְּמוֹת הֶחָג חֲלוּקִים בְּקָרְבְּנוֹתֵיהֶן: **וְהַשִּׂמְחָה.** לֶאֱכֹל בְּשַׂר שְׁלָמִים בִּזְמַן הַמִּקְדָּשׁ, דִּכְתִיב (דברים טז, יד): "וְשָׂמַחְתָּ בְּחַגֶּךָ", וְאֵין שִׂמְחָה בִּזְמַן הַמִּקְדָּשׁ אֶלָּא בִּבְשַׂר שְׁלָמִים, דִּכְתִיב (שם כז, ז): "וְזָבַחְתָּ שְׁלָמִים וְאָכַלְתָּ שָּׁם וְשָׂמַחְתָּ": **סֻכָּה.** לֵישֵׁב בַּסֻּכָּה: **וְנִסּוּךְ הַמַּיִם.** בִּתְמִידֵי הֶחָג שַׁחֲרִית: **הֶחָלִיל.** בְּשִׂמְחַת בֵּית הַשּׁוֹאֵבָה הָיוּ שְׂמֵחִים בֶּחָג לִכְבוֹד שְׁאִיבַת נִסּוּךְ הַמַּיִם, וּמְנַגְּנִים בַּחֲלִילִים וְכִנּוֹרוֹת. וְאוֹתוֹ חָלִיל אֵינוֹ דּוֹחֶה לֹא אֶת הַשַּׁבָּת וְלֹא אֶת יוֹם טוֹב:

שבע מצוות נצטוו ישראל לקיים בחג הסוכות. חלק מהמצוות מקיימים בכל יום וחלקן לא בכל יום, והמשנה מפרשת אילו מצוות מקיימים בכל יום (שבעה ימים, ויש מצוות שקיימו גם בשמיני עצרת: שמונה), אילו שרק בשבת אין מקיימים (ומקיימים אותן שישה ימים) ואילו שאין מקיימים גם ביום טוב (חמישה). ופירוט הדינים וכן מנהגי המצוות מובא במשניות הבאות.

ב **לוּלָב שִׁבְעָה, כֵּיצַד?**

יוֹם טוֹב הָרִאשׁוֹן שֶׁל הֶחָג שֶׁחָל לִהְיוֹת בַּשַּׁבָּת - לוּלָב שִׁבְעָה, וּשְׁאָר כָּל הַיָּמִים - שִׁשָּׁה.

רבי עובדיה מברטנורה

לוּלָב - שִׁבְעָה. דְּיוֹם רִאשׁוֹן דּוֹחֶה שַׁבָּת, מִשּׁוּם דְּאִית לֵיהּ עִקָּר מִן הַתּוֹרָה בַּגְּבוּלִים, דִּכְתִיב (ויקרא כג, מ): "וּלְקַחְתֶּם לָכֶם בַּיּוֹם הָרִאשׁוֹן". **וּשְׁאָר כָּל הַיָּמִים.** אִם חָל יוֹם טוֹב רִאשׁוֹן בִּשְׁאָר יְמֵי הַחֹל, וְנִמְצֵאת שַׁבָּת בְּחֹל הַמּוֹעֵד - לָא דָּחֵי. וְאַף עַל גַּב דְּכָל שִׁבְעָה הוּא מִן הַתּוֹרָה בַּמִּקְדָּשׁ - הֶעֱמִידוּ חֲכָמִים גְּזֵרָתָם בִּשְׁאָר יְמֵי הֶחָג, הוֹאִיל וְאֵין לָהֶם עִקָּר מִן הַתּוֹרָה בַּגְּבוּלִים. וּבַדִּין הָיָה דַּאֲפִלּוּ בַּזְּמַן הַזֶּה יְהֵא לוּלָב דּוֹחֶה אֶת הַשַּׁבָּת בְּיוֹם טוֹב רִאשׁוֹן שֶׁל חָג, אֶלָּא מִשּׁוּם דְּלָא בְּקִיאִינָן בִּקְבִיעָא דְיַרְחָא, וְשֶׁמָּא אֵין זֶה יוֹם טוֹב רִאשׁוֹן - הִלְכָּךְ לָא דָּחֵינַן שַׁבָּת מִסְּפֵיקָא. וְטַעֲמָא דִּגְזַרוּ שֶׁלֹּא לִטּוֹל לוּלָב בְּשַׁבָּת, וַהֲרֵי אֵין בִּנְטִילָתוֹ שׁוּם מְלָאכָה אֶלָּא טִלְטוּל בְּעָלְמָא - גְּזֵרָה שֶׁמָּא יִטְּלֶנּוּ בְּיָדוֹ וְיֵלֵךְ אֵצֶל בָּקִי לִלְמֹד הַבְּרָכָה אוֹ סֵדֶר הַנִּעְנוּעִים, וְיַעֲבִירֶנּוּ אַרְבַּע אַמּוֹת בִּרְשׁוּת הָרַבִּים, וְהַיְנוּ טַעֲמָא דְּשׁוֹפָר, וְהַיְנוּ טַעֲמָא דִּמְגִלָּה:

מן התורה מצוות לולב במקדש נוהגת שבעה ימים, ובשאר הארץ רק ביום הראשון. במקדש פעמים שהיא דוחה את השבת ופעמים שאינה.

נטילת **לוּלָב שִׁבְעָה, כֵּיצַד? יוֹם טוֹב הָרִאשׁוֹן שֶׁל הֶחָג שֶׁחָל לִהְיוֹת בַּשַּׁבָּת, לוּלָב שִׁבְעָה** - כיוון שביום הראשון מצוות לולב היא בכל מקום - מקיימים אותה גם אם חל בשבת. אמנם זה היה בזמן המקדש, אך בימינו אין נוטלים לולב ביום הראשון שחל בשבת.

וּשְׁאָר כָּל הַיָּמִים - אם חג ראשון חל באחד מימי החול, נוטלים **שִׁשָּׁה** ימים, ובשבת חול המועד אין נוטלים את הלולב, גזרה שמא אדם ייטול את הלולב וילך לחכם שילמד אותו כיצד לברך ולנענע את הלולב, ויטלטל ארבע אמות ברשות הרבים (גמרא מב, ב).

ג **עֲרָבָה - שִׁבְעָה, כֵּיצַד?**
יוֹם שְׁבִיעִי שֶׁל עֲרָבָה שֶׁחָל לִהְיוֹת בַּשַּׁבָּת, עֲרָבָה - שִׁבְעָה,
וּשְׁאָר כָּל הַיָּמִים - שִׁשָּׁה.

רבי עובדיה מברטנורה

יוֹם שְׁבִיעִי שֶׁל עֲרָבָה כו'. דַּעֲבוּד הֶכֵּרָא לָדַעַת שֶׁהִיא דְּאוֹרַיְתָא, כְּלוֹמַר הֲלָכָה לְמֹשֶׁה מִסִּינַי. וּמִשּׁוּם הַאי הֶכֵּרָא - תִּקּוּן דִּשְׁבִיעִי שֶׁלָּהּ דּוֹחֶה שַׁבָּת בַּמִּקְדָּשׁ, שֶׁבַּעֲרָבָה הָיוּ מַקִּיפִים אֶת הַמִּזְבֵּחַ. וְהָאִידָּנָא אֵינָהּ אֶלָּא מִנְהַג נְבִיאִים, שֶׁהִנְהִיגוּ אֶת הָעָם לִטּוֹל עֲרָבָה בַּשְּׁבִיעִי חוּץ מֵעֲרָבָה שֶׁבַּלּוּלָב, וְאֵין מְבָרְכִין עָלֶיהָ:

חוץ מנטילת ארבעת המינים, במקדש היו מקיימים מצווה מיוחדת בערבה, והיא מתוארת לקמן משנה ה. מצווה זו היא ממנהג נביאים, והמשנה מתארת מתי קיימו אותה.

מצוות **עֲרָבָה שִׁבְעָה, כֵּיצַד? יוֹם שְׁבִיעִי שֶׁל עֲרָבָה שֶׁחָל לִהְיוֹת בַּשַּׁבָּת, עֲרָבָה שִׁבְעָה** - כדי לחזק את מנהג הערבה נטלו אותה גם בשבת, ולא רצו חכמים להשוות את דין הערבה לדין הלולב, משום שאז יאמרו אנשים שנוטלים את הערבה משום הלולב. ואם חל יום השביעי בשבת לא חששו שמא יטלטלו את הערבה ארבע אמות ברשות הרבים, מפני שמצווה זו מסורה לבית דין, ושלוחי בית דין ייזהרו שלא לטלטלה באיסור.

וּשְׁאָר כָּל הַיָּמִים שִׁשָּׁה - אם יום טוב ראשון חל ביום חול, לא רצו ליטול את הערבה בשבת חול המועד, כדי שלא יטעו וייטלו גם לולב. ובימינו נוהגים זכר למנהג הערבה רק ביום השביעי, 'הושענא רבה', שלפי הלוח שתיקנו חכמים לאחר החורבן לעולם לא יחול בשבת.

ד מִצְוַת לוּלָב כֵּיצַד?
יוֹם טוֹב הָרִאשׁוֹן שֶׁל הֶחָג שֶׁחָל לִהְיוֹת בַּשַּׁבָּת,
מוֹלִיכִין אֶת לוּלְבֵיהֶן לְהַר הַבַּיִת,
וְהַחַזָּנִין מְקַבְּלִין מֵהֶן וְסוֹדְרִין אוֹתָן עַל גַּב הָאִצְטְבָא,
וְהַזְּקֵנִים מַנִּיחִין אֶת שֶׁלָּהֶן בַּלִּשְׁכָּה.
וּמְלַמְּדִים אוֹתָם לוֹמַר:
"כָּל מִי שֶׁמַּגִּיעַ לוּלָבִי בְּיָדוֹ, הֲרֵי הוּא לוֹ בְּמַתָּנָה".

לְמָחָר מַשְׁכִּימִין וּבָאִין,
וְהַחַזָּנִין זוֹרְקִין אוֹתָם לִפְנֵיהֶם,
וְהֵן מְחַטְּפִין וּמַכִּין אִישׁ אֶת חֲבֵרוֹ.
וּכְשֶׁרָאוּ בֵּית דִּין שֶׁבָּאוּ לִידֵי סַכָּנָה,
הִתְקִינוּ שֶׁיְּהֵא כָּל אֶחָד וְאֶחָד נוֹטֵל בְּבֵיתוֹ.

רבי עובדיה מברטנורה

מוֹלִיכִין אֶת לוּלְבֵיהֶן לְהַר הַבַּיִת. יוֹם טוֹב רִאשׁוֹן שֶׁל חָג שֶׁחָל לִהְיוֹת בַּשַּׁבָּת מוֹלִיכִין אֶת לוּלְבֵיהֶן מֵעֶרֶב שַׁבָּת: **הַחַזָּנִים.** שַׁמָּשִׁים שֶׁהָיוּ שָׁם לְצָרְכֵי צִבּוּר: **עַל גַּב הָאִצְטְבָא.** רְחָבָה שֶׁל הַר הַבַּיִת הָיְתָה מֻקֶּפֶת בְּאִצְטְבָאוֹת לֵישֵׁב שָׁם, וּמְסֻכָּכוֹת לְמַעְלָה מִפְּנֵי הַגְּשָׁמִים: **וְהַזְּקֵנִים.** הַדּוֹאֲגִים שֶׁלֹּא יִדְחֲפוּם לְמָחָר כְּשֶׁיָּבֹאוּ לָקַחַת אִישׁ לוּלָבוֹ: **וּמְלַמְּדִין** בֵּית דִּין אֶת כָּל הָעָם **לוֹמַר:** אִם יָבֹא **לוּלָבִי** אֶל יַד חֲבֵרִי – **הֲרֵי הוּא שֶׁלּוֹ בְּמַתָּנָה,** כְּדֵי שֶׁלֹּא יְהֵא אֶצְלוֹ לֹא גָּזוּל וְלֹא שָׁאוּל:

משנה זו מתארת כיצד קיימו את מצוות הלולב בזמן המקדש כאשר יום טוב ראשון חל בשבת, ואי אפשר היה להביא את הלולב מביתו אלא קודם השבת.

מִצְוַת לוּלָב – ביום טוב שחל בשבת **כֵּיצַד? יוֹם טוֹב הָרִאשׁוֹן שֶׁל הֶחָג שֶׁחָל לִהְיוֹת בַּשַּׁבָּת, מוֹלִיכִין אֶת לוּלְבֵיהֶן לְהַר הַבַּיִת, וְהַחַזָּנִין** – השמשים שדואגים לצורכי הציבור, **מְקַבְּלִין מֵהֶן** – את ארבעת המינים, **וְסוֹדְרִין אוֹתָן עַל גַּב הָאִצְטְבָא** – מקום בהר הבית שהיו בו שתי שורות עמודים וגג מעליהן, ושם הלולבים היו מוסתרים משמש ומגשמים, **וְהַזְּקֵנִים** – שרצו להימנע מדוחק האנשים למחרת, **מַנִּיחִין אֶת שֶׁלָּהֶן בַּלִּשְׁכָּה** – היו מביאים את הלולבים ללשכה המיוחדת לכך.

וּמְלַמְּדִים אוֹתָם לוֹמַר: "כָּל מִי שֶׁמַּגִּיעַ לוּלָבִי בְּיָדוֹ, הֲרֵי הוּא לוֹ בְּמַתָּנָה" – שהרי שנינו (לעיל ג, א) שאין ליטול לולב גזול, ולכן כל אחד היה צריך להקנות את לולבו למי שייטלו למחר, ונמצא שכל אחד שהגיע נטל לולב שהקנו לו אותו (ראה לעיל ג, יג).

לְמָחָר מַשְׁכִּימִין וּבָאִין, וְהַחַזָּנִין זוֹרְקִין אוֹתָם לִפְנֵיהֶם, וְהֵן מְחַטְּפִין וּמַכִּין אִישׁ אֶת חֲבֵרוֹ.

וּכְשֶׁרָאוּ בֵּית דִּין שֶׁבָּאוּ לִידֵי סַכָּנָה, הִתְקִינוּ שֶׁיְּהֵא כָּל אֶחָד וְאֶחָד נוֹטֵל בְּבֵיתוֹ – ולא היו מביאים את הלולב למקדש.

ה מִצְוַת עֲרָבָה כֵּיצַד?
מָקוֹם הָיָה לְמַטָּה מִירוּשָׁלַיִם וְנִקְרָא "מוֹצָא".
יוֹרְדִין לְשָׁם וּמְלַקְּטִין מִשָּׁם מֻרְבִּיּוֹת שֶׁל עֲרָבָה,
וּבָאִין וְזוֹקְפִין אוֹתָן בְּצִדֵּי הַמִּזְבֵּחַ, וְרָאשֵׁיהֶן כְּפוּפִין עַל גַּבֵּי הַמִּזְבֵּחַ.
תָּקְעוּ וְהֵרִיעוּ וְתָקְעוּ.

בְּכָל יוֹם מַקִּיפִין אֶת הַמִּזְבֵּחַ פַּעַם אַחַת, וְאוֹמְרִים:
"אָנָּא ה׳ הוֹשִׁיעָה נָּא, אָנָּא ה׳ הַצְלִיחָה נָּא".
רַבִּי יְהוּדָה אוֹמֵר: "אֲנִי וָהוֹ הוֹשִׁיעָה נָּא".

וְאוֹתוֹ הַיּוֹם מַקִּיפִין אֶת הַמִּזְבֵּחַ שֶׁבַע פְּעָמִים.
בִּשְׁעַת פְּטִירָתָן, מָה הֵן אוֹמְרִים?
"יֹפִי לְךָ, מִזְבֵּחַ! יֹפִי לְךָ, מִזְבֵּחַ!"
רַבִּי אֱלִיעֶזֶר אוֹמֵר:
"לְיָהּ וּלְךָ מִזְבֵּחַ! לְיָהּ וּלְךָ מִזְבֵּחַ!"

רבי עובדיה מברטנורה

נִקְרָא "מוֹצָא". בַּגְּמָרָא (מה, א) אוֹמֵר שֶׁשְּׁמוֹ קלני"א. וְעוֹד הַיּוֹם כָּךְ שְׁמוֹ. וְהָעֲרָבָה מְצוּיָה שָׁם, וְהַמָּקוֹם רָחוֹק מִירוּשָׁלַיִם מְעַט. וּפֵרוּשׁ קלני"א: חָפְשִׁי מִמַּס. וּלְפִיכָךְ נִקְרָא מוֹצָא, שֶׁהָיָה מוֹצָא מִמַּס הַמֶּלֶךְ בִּשְׁבִיל הָעֲרָבָה שֶׁלּוֹקְחִים מִשָּׁם: **מֻרְבִּיּוֹת.** עֲנָפִים גְּדוֹלִים, גְּבוֹהִים י"א אַמָּה, וּמַנִּיחִים אוֹתָם עַל יְסוֹד הַמִּזְבֵּחַ, וְרָאשֵׁיהֶן זְקוּפִים וּמוּטִין עַל הַמִּזְבֵּחַ אַמָּה: **אֲנִי וָהוֹ.** בְּגִימַטְרִיָּא "אָנָּא ה'". וְעוֹד הֵם שְׁנֵי שֵׁמוֹת שֶׁבְּשֵׁם ע"ב. פֵּרוּשׁ אַחֵר, מִי שֶׁאֲנִי וְהוּא בְּצָרָה, עַל דֶּרֶךְ (תהלים צא, טו): "עִמּוֹ אָנֹכִי בְצָרָה", **הוֹשִׁיעָה נָּא:**

המשנה מתארת את סדר מצוות הערבה שבמקדש.

מִצְוַת עֲרָבָה כֵּיצַד? מָקוֹם הָיָה לְמַטָּה מִירוּשָׁלַיִם וְנִקְרָא "מוֹצָא" – והוא היישוב מוצא שבימינו, ונמצא סמוך לירושלים בצד מערב, ומצויות שם ערבות.

יוֹרְדִין לְשָׁם וּמְלַקְּטִין מִשָּׁם מֻרְבִּיּוֹת שֶׁל עֲרָבָה – ענפי ערבה ארוכים מאוד.

וּבָאִין וְזוֹקְפִין אוֹתָן בְּצִדֵּי הַמִּזְבֵּחַ, וְרָאשֵׁיהֶן כְּפוּפִין עַל גַּבֵּי הַמִּזְבֵּחַ – מעמידים מורביות על צדי המזבח והן היו בגובה 11 אמה וגובהו של המזבח היה 10 אמות, והניחו אותן על היסוד, שגובהו אמה. נמצא שהמורביות הגיעו לגובה 12 אמה, והאמה האחרונה נטתה על המזבח.

תָּקְעוּ וְהֵרִיעוּ וְתָקְעוּ – בזמן שזקפו את הערבות, לאות שמחה (לגבי תקיעות נוספות במקדש, ראה לקמן ה, ה).

בְּכָל יוֹם מַקִּיפִין אֶת הַמִּזְבֵּחַ פַּעַם אַחַת – יש אומרים שהיו מקיפים בהליכה, ובזמן ההקפות התירו לישראל להיכנס לבין המזבח והאולם (ובשאר השנה אסור לישראל להיכנס לשם, ראה משנה כלים א, ט), ויש אומרים שההקפה הייתה בעמידה, ורק הכוהנים עמדו מאחורי המזבח, והלוויים והישראלים עמדו בעזרת הכהנים. כמו כן נחלקו אם הקיפו בלולב או רק בערבה. וזכר להקפות אלה אנו נוהגים היום בבית הכנסת להקיף את הבימה ולומר פיוטי 'הושענות'.

וְאוֹמְרִים – בשעת ההקפות: **"אָנָּא ה' הוֹשִׁיעָה נָּא, אָנָּא ה' הַצְלִיחָה נָא" (תהלים קיח, כה)** – מתפללים לישועה ולהצלחה.

רַבִּי יְהוּדָה אוֹמֵר: "אֲנִי וָהוֹ הוֹשִׁיעָה נָּא" – יש אומרים ש'והו' הוא אחד משמותיו של הקב"ה שמסמל תשועה, ויש אומרים שהכוונה שהקב"ה משתתף כביכול בצרותיהן של ישראל, 'אני והוא' – 'אני וישראל', ונושע יחד אִתם.

וְאוֹתוֹ הַיּוֹם – היום השביעי, הושענא רבה, **מַקִּיפִין אֶת הַמִּזְבֵּחַ שֶׁבַע פְּעָמִים** – זכר להקפות יריחו (ירושלמי ד, ג), שהיא הייתה הישועה הראשונה של עם ישראל בארץ ישראל, ובאי המקדש מבקשים מה' שיושיע את ישראל כפי שהושיע אותם אז.

בִּשְׁעַת פְּטִירָתָן – אחרי ההקפות של היום השביעי, **מָה הֵן אוֹמְרִים? "יֹפִי לְךָ, מִזְבֵּחַ! יֹפִי לְךָ, מִזְבֵּחַ!"** – משבחים את יופיו של המזבח, מפני שכיפר על העוונות של ישראל ביום הכיפורים.

רַבִּי אֱלִיעֶזֶר אוֹמֵר: "לְיָהּ וּלְךָ מִזְבֵּחַ! לְיָהּ וּלְךָ מִזְבֵּחַ!" – בגמרא (מה, ב) מבואר שהיו אומרים: "ליה אנו מודים, ולך אנו משבחים, ליה אנחנו מודים, ולך אנו מקלסין", ורבי אליעזר סובר שלא די לשבח את יופי המזבח, אלא צריך גם להודות בפה לה' על שכיפר על העוונות של ישראל.

ו **כְּמַעֲשֵׂהוּ בַּחֹל – כָּךְ מַעֲשֵׂהוּ בַּשַּׁבָּת,
אֶלָּא שֶׁהָיוּ מְלַקְּטִין אוֹתָן מֵעֶרֶב שַׁבָּת,
וּמַנִּיחִים אוֹתָן בְּגִיגִיּוֹת שֶׁל זָהָב,
כְּדֵי שֶׁלֹּא יִכְמְשׁוּ.**

**רַבִּי יוֹחָנָן בֶּן בְּרוֹקָה אוֹמֵר:
חֲרָיוֹת שֶׁל דֶּקֶל הָיוּ מְבִיאִין,
וְחוֹבְטִין אוֹתָן בַּקַּרְקַע בְּצִדֵּי הַמִּזְבֵּחַ,
וְאוֹתוֹ הַיּוֹם נִקְרָא: "יוֹם חִבּוּט חֲרָיוֹת".**

רבי עובדיה מברטנורה

גִּיגִיּוֹת. כֵּלִים שֶׁל זָהָב מְלֵאִים מַיִם, כְּדֵי שֶׁלֹּא יִכְמְשׁוּ עֲלֵיהֶן: **חֲרָיוֹת.** עֲנָפִים שֶׁל דֶּקֶל הָיוּ מְבִיאִים בֵּין בְּחֹל בֵּין בְּשַׁבָּת, וְלֹא עֲרָבָה, דִּכְתִיב (ויקרא כג, מ): "כַּפֹּת תְּמָרִים" – שְׁתַּיִם הֵן, אֶחָד לַלּוּלָב וְאֶחָד לַמִּזְבֵּחַ. וְאֵין הֲלָכָה כְּרַבִּי יוֹחָנָן בֶּן בְּרוֹקָא:

במשנה זו מתואר כיצד נהגו במצוות הערבה בשבת ובחג.

כְּמַעֲשֵׂהוּ בַּחֹל כָּךְ מַעֲשֵׂהוּ בַּשַּׁבָּת, אֶלָּא שֶׁהָיוּ מְלַקְּטִין אוֹתָן מֵעֶרֶב שַׁבָּת – ואף ביום טוב ראשון לא היו חותכים את ענפי הערבה מהעץ אלא בערב יום טוב.

וּמַנִּיחִים אוֹתָן בְּגִיגִיּוֹת – כלים גדולים, **שֶׁל זָהָב, כְּדֵי שֶׁלֹּא יִכְמְשׁוּ** – יתייבשו.

רַבִּי יוֹחָנָן בֶּן בְּרוֹקָה אוֹמֵר: חֲרָיוֹת שֶׁל דֶּקֶל הָיוּ מְבִיאִין – לדעתו, בכל ימי החג לא היו מביאים ערבה על המזבח, אלא ענפים של דקל. ויש אומרים שלדעתו היו מביאים דקל וערבה בכל ימי החג.

וְחוֹבְטִין אוֹתָן בַּקַּרְקַע בְּצִדֵּי הַמִּזְבֵּחַ – לדעת רבי יוחנן לא זקפו את הדקל על המזבח אלא היו חובטים את הענפים על הקרקע לצד המזבח, וכעין מנהג זה אנו נוהגים היום בהושענא רבה.

וְאוֹתוֹ הַיּוֹם – היום השביעי, **נִקְרָא** – על שם החבטה: **"יוֹם חִבּוּט חֲרָיוֹת"** – ולא יום ערבה.

ז מִיָּד הַתִּינוֹקוֹת שׁוֹמְטִין אֶת לוּלְבֵיהֶן וְאוֹכְלִין אֶתְרוֹגֵיהֶן.

רבי עובדיה מברטנורה

מִיָּד הַתִּינוֹקוֹת שׁוֹמְטִין אֶת לוּלְבֵיהֶן. הַגְּדוֹלִים שׁוֹמְטִים לוּלְבֵי הַתִּינוֹקוֹת מִיָּדָן שֶׁל תִּינוֹקוֹת: **וְאוֹכְלִים.** הַגְּדוֹלִים **אֶתְרוֹגֵיהֶן** שֶׁל תִּינוֹקוֹת. וְאֵין בַּדָּבָר מִשּׁוּם גָּזֵל, שֶׁכָּךְ נָהֲגוּ מִשּׁוּם שִׂמְחָה. פֵּרוּשׁ אַחֵר, הַתִּינוֹקוֹת מַשְׁלִיכִים לוּלְבֵיהֶן מִיָּדָם וְאוֹכְלִים אֶתְרוֹגֵיהֶן בַּשְּׁבִיעִי. אֲבָל הַגְּדוֹלִים אֵין אוֹכְלִים אֶתְרוֹגֵיהֶן כָּל אוֹתוֹ הַיּוֹם, דְּכֵיוָן שֶׁהֻקְצָה לְמִצְוָה לְמִקְצָת הַיּוֹם – הֻקְצָה לְכֻלּוֹ:

ביום השביעי, **מִיָּד** – לאחר הקפות המזבח, **הַתִּינוֹקוֹת** – ילדים שלא הגיעו לגיל מצוות, **שׁוֹמְטִין אֶת לוּלְבֵיהֶן וְאוֹכְלִין אֶתְרוֹגֵיהֶן** – שכן נגמרה מצוות הלולב, אבל הגדולים לא היו אוכלים את האתרוגים עד לאחר החג, שכן ייחדו את האתרוגים למצווה לכל החג, ונאסרו באכילה.

ח **הַהַלֵּל וְהַשִּׂמְחָה – שְׁמוֹנָה, כֵּיצַד?**
מְלַמֵּד, שֶׁחַיָּב אָדָם בַּהַלֵּל וּבַשִּׂמְחָה וּבִכְבוֹד יוֹם טוֹב הָאַחֲרוֹן שֶׁל הֶחָג,
כִּשְׁאָר כָּל יְמוֹת הֶחָג.

סֻכָּה – שִׁבְעָה, כֵּיצַד?
גָּמַר מִלֶּאֱכוֹל – לֹא יַתִּיר סֻכָּתוֹ,
אֲבָל מוֹרִיד אֶת הַכֵּלִים מִן הַמִּנְחָה וּלְמַעְלָה,
מִפְּנֵי כְּבוֹד יוֹם טוֹב הָאַחֲרוֹן שֶׁל הֶחָג.

רבי עובדיה מברטנורה

לֹא יַתִּיר אֶגֶד שֶׁלָּהּ לְסָתְרָהּ, דְּהָא כָּל הַיּוֹם חוֹבָתָהּ: **אֲבָל מוֹרִיד** הוּא מִמֶּנָּה **הַכֵּלִים** נָאִים וּמַצָּעוֹת נָאוֹת שֶׁהֶעֱלָה לְתוֹכָהּ: **מִפְּנֵי כְּבוֹד יוֹם טוֹב.** שֶׁיֵּרָאֶה כִּמְכִין לִקְרָאתוֹ לְמָקוֹם שֶׁיִּסְעֹד בּוֹ הַלַּיְלָה:

חיוב אמירת הלל ומצוות השמחה, שהיא הקרבת שלמים, הם כל ימי החג, בין בשבת ובין ביום טוב.

הַהַלֵּל וְהַשִּׂמְחָה – שְׁמוֹנָה, כֵּיצַד?

מְלַמֵּד, שֶׁחַיָּב אָדָם בַּהַלֵּל וּבַשִּׂמְחָה וּבִכְבוֹד יוֹם טוֹב הָאַחֲרוֹן שֶׁל הֶחָג, כִּשְׁאָר כָּל יְמוֹת הֶחָג – ואף ששמיני עצרת הוא רגל בפני עצמו ואין בו חובת סוכה ולולב, מכל מקום יש בו חובת הלל ושמחה.

סֻכָּה – שִׁבְעָה, כֵּיצַד?

גָּמַר מִלֶּאֱכוֹל – לֹא יַתִּיר סֻכָּתוֹ – לא יפרק את הסוכה.

אֲבָל מוֹרִיד אֶת הַכֵּלִים – מן הסוכה, שרוב הסוכות שלהם היו על הגג, **מִן הַמִּנְחָה וּלְמַעְלָה** – שזה הזמן שבו מתחילים להתכונן ליום טוב האחרון.

מִפְּנֵי כְּבוֹד יוֹם טוֹב הָאַחֲרוֹן שֶׁל הֶחָג – שנראה כמי שמתכונן לחג.

ט נִסּוּךְ הַמַּיִם כֵּיצַד?
צְלוֹחִית שֶׁל זָהָב מַחֲזֶקֶת שְׁלֹשֶׁת לֻגִּים, הָיָה מְמַלֵּא מִן הַשִּׁילוֹחַ.
הִגִּיעוּ לְשַׁעַר הַמַּיִם, תָּקְעוּ וְהֵרִיעוּ וְתָקְעוּ.

עָלָה בַכֶּבֶשׁ וּפָנָה לִשְׂמֹאלוֹ,
שְׁנֵי סְפָלִים שֶׁל כֶּסֶף הָיוּ שָׁם.
רַבִּי יְהוּדָה אוֹמֵר:
שֶׁל סִיד הָיוּ, אֶלָּא שֶׁהָיוּ מֻשְׁחָרִין פְּנֵיהֶם מִפְּנֵי הַיַּיִן.

וּמְנֻקָּבִין כְּמִין שְׁנֵי חֳטָמִין דַּקִּין:
אֶחָד מְעֻבֶּה וְאֶחָד דַּק, כְּדֵי שֶׁיְּהוּ שְׁנֵיהֶם כָּלִין בְּבַת אַחַת.
מַעֲרָבִי שֶׁל מַיִם, מִזְרָחִי שֶׁל יַיִן.
עֵרָה שֶׁל מַיִם לְתוֹךְ שֶׁל יַיִן, וְשֶׁל יַיִן לְתוֹךְ שֶׁל מַיִם - יָצָא.

רַבִּי יְהוּדָה אוֹמֵר:
בַּלֹּג הָיָה מְנַסֵּךְ כָּל שְׁמוֹנָה.

וְלַמְנַסֵּךְ אוֹמְרִים לוֹ: "הַגְבַּהּ יָדֶךָ"!
שֶׁפַּעַם אַחַת נִסֵּךְ אֶחָד עַל גַּבֵּי רַגְלָיו,
וּרְגָמוּהוּ כָּל הָעָם בְּאֶתְרוֹגֵיהֶן.

רבי עובדיה מברטנורה

מַחֲזֶקֶת שְׁלֹשֶׁת לֻגִּין. זֶהוּ פָּחוּת שֶׁבַּנְּסָכִים, רְבִיעִית הַהִין לַכֶּבֶשׂ: **מִן הַשִּׁילוֹחַ.** הוּא מַעְיָן הַסָּמוּךְ לִירוּשָׁלַיִם: **שַׁעַר הַמַּיִם.** אֶחָד מִשַּׁעֲרֵי עֲזָרָה, נִקְרָא כֵּן עַל שֵׁם שֶׁבּוֹ מַכְנִיסִין צְלוֹחִית שֶׁל מַיִם דְּנִסּוּךְ הֶחָג: **תָּקְעוּ וְהֵרִיעוּ.** מִשּׁוּם שֶׁנֶּאֱמַר (ישעיה יב, ג): "וּשְׁאַבְתֶּם מַיִם בְּשָׂשׂוֹן": **עָלָה בַכֶּבֶשׁ.** שֶׁהָיָה בִּדְרוֹמוֹ שֶׁל מִזְבֵּחַ: **וּפָנָה לִשְׂמֹאלוֹ.** שֶׁנְּסָכִים נַעֲשִׂים בְּקֶרֶן מַעֲרָבִית דְּרוֹמִית, וּכְשֶׁהוּא פּוֹנֶה לִשְׂמֹאלוֹ – הִיא הָרִאשׁוֹנָה: **שֶׁהָיוּ מֻשְׁחָרִים פְּנֵיהֶן** מֵחֲמַת **הַיַּיִן,** וְדוֹמִין לְכֶסֶף שֶׁהוּא שָׁחֹר מִן הַסִּיד: **כְּמִין שְׁנֵי חֳטָמִין דַּקִּין.** חֹטֶם אֶחָד בְּסֵפֶל אֶחָד, וְנֶקֶב אֶחָד בְּחָטְמוֹ. וְהַכֹּהֵן מְעָרֶה בְּפִי הַסְּפָלִים, וְהַנְּסָכִים מְקַלְּחִים וְיוֹרְדִים דֶּרֶךְ הַחֲטָמִין עַל גַּג הַמִּזְבֵּחַ, וּבַמִּזְבֵּחַ הָיָה נֶקֶב שֶׁבּוֹ הַיַּיִן וְהַמַּיִם יוֹרְדִין לַשִּׁיתִין שֶׁל מִזְבֵּחַ, שֶׁהֵן חֲלוּלִים וַעֲמֻקִּים מְאֹד: **אֶחָד מְעֻבֶּה וְאֶחָד דַּק. אֶחָד** מֵהַנְּקָבִים **עָבֶה,** וְהוּא אוֹתוֹ שֶׁל יַיִן, **וְאֶחָד דַּק,** אוֹתוֹ שֶׁל מַיִם: **כְּדֵי שֶׁיְּהוּ שְׁנֵיהֶם כָּלִין בְּבַת אַחַת.** שֶׁהַמַּיִם מְמַהֲרִין לָצֵאת יוֹתֵר מִן הַיַּיִן, מִפְּנֵי שֶׁהַיַּיִן עָב יוֹתֵר וּמְאַחֵר לָצֵאת, לְפִיכָךְ הָיָה הַנֶּקֶב שֶׁל יַיִן מְעֻבֶּה וְהַנֶּקֶב שֶׁל מַיִם דַּק, כְּדֵי שֶׁיִּהְיוּ כָּלִין בְּבַת אַחַת: **הָכִי גַּרְסִינָן: מַעֲרָבִי שֶׁל מַיִם, מִזְרָחִי שֶׁל יַיִן.** הַסְּפָלִים הָיוּ נְתוּנִים אֵצֶל הַקֶּרֶן סְמוּכִים זֶה לָזֶה, זֶה לִפְנֵי זֶה, אֶחָד לְצַד מַעֲרָב וְאֶחָד לִפְנִים מִמֶּנּוּ, דְּהַיְנוּ לְמִזְרָח:

רַבִּי יְהוּדָה אוֹמֵר כו'. בְּתַרְתֵּי פָּלֵיג, אַשְׁלֹשָׁה לֻגִּין פָּלֵיג, וְאַשִׁבְעָה דְּקָאָמַר תַּנָּא קַמָּא, וְאָתָא רַבִּי יְהוּדָה לְמֵימַר: אַף בַּשְּׁמִינִי מְנַסְּכִים. וְאֵין הֲלָכָה כְּרַבִּי יְהוּדָה:

"הַגְבַּהּ אֶת יָדֶךָ כְּדֵי שֶׁנִּרְאֶה אִם תִּתֵּן מַיִם בַּסֵּפֶל". לְפִי שֶׁצְּדוֹקִים אֵין מוֹדִים בְּנִסּוּךְ הַמַּיִם: **שֶׁפַּעַם אַחַת נִסֵּךְ** צְדוֹקִי **אֶחָד** אֶת הַמַּיִם **עַל רַגְלָיו:**

בחג הסוכות היו מנסכים מים על המזבח כדי שיתברכו במי גשמים (תוספתא ג, יח). משנה זו מתארת כיצד נהגו במצוות ניסוך המים.

נִסּוּךְ הַמַּיִם כֵּיצַד?

צְלוֹחִית שֶׁל זָהָב מַחֲזֶקֶת שְׁלֹשֶׁת לֻגִּים – כליטר אחד, **הָיָה מְמַלֵּא מִן הַשִּׁילוֹחַ** – מעיין השילוח נמצא דרומית להר הבית, והוא היה מקור המים המרכזי של ירושלים.

כשחזרו מן השאיבה **הִגִּיעוּ לְשַׁעַר הַמַּיִם** – השער המזרחי ביותר שבצד דרום של המקדש. בתוספתא (ג, ג) אמרו: "למה נקרא שמו שער המים? שבו מכניסין צלוחית של מים של ניסוך בחג".

ואז **תָּקְעוּ וְהֵרִיעוּ וְתָקְעוּ** – כמבואר לקמן ה, ד.

עָלָה בַכֶּבֶשׁ וּפָנָה לִשְׂמֹאלוֹ – כל העולים למזבח היו פונים לצד ימין, חוץ מהעולים לנסך מים ויין שהיו פונים לצד שמאל כדי שהמשקים לא ייפגמו מעשן המזבח (משנה זבחים ו, ג).

שְׁנֵי סְפָלִים שֶׁל כֶּסֶף הָיוּ שָׁם – בצד שמאל של העולה למזבח, בפינה מערבית-דרומית, היו שני כלים חלולים שמחוברים למזבח, ובשעת ניסוך המים והיין היה שופך את המשקים לתוכם והמשקים היו מחלחלים לתוך המזבח.

רַבִּי יְהוּדָה אוֹמֵר: שֶׁל סִיד הָיוּ – ולא של כסף.

אֶלָּא שֶׁהָיוּ מֻשְׁחָרִין פְּנֵיהֶם מִפְּנֵי הַיַּיִן – ולכן היו דומים לכסף. ואף שהיו שני ספלים, אחד ליין ואחד למים, פעמים שהיה הכוהן מתבלבל ביניהם ושופך יין בספל של מים, ולכן שניהם היו מושחרים.

וּמְנֻקָּבִין כְּמִין שְׁנֵי חֳטָמִין דַּקִּין – בתחתית כל ספל היה נקב כדי שהמשקים יזרמו לחלל המזבח.

אֶחָד מְעֻבֶּה וְאֶחָד דַּק, כְּדֵי שֶׁיְּהוּ שְׁנֵיהֶם כָּלִין בְּבַת אַחַת – יין הוא משקה סמיך יותר ממים, ורצו שזמן ניסוך המים והיין יהיה שווה, שזהו נוי לעבודת המזבח, ולכן הנקב של הספל של היין היה רחב יותר.

מַעֲרָבִי שֶׁל מַיִם, מִזְרָחִי שֶׁל יַיִן - נראה שעשו כן מפני שרוב השנה ניסכו רק יין, ולכן קבעו את הספל שלו קרוב יותר לכבש.

עֵרָה שֶׁל מַיִם לְתוֹךְ שֶׁל יַיִן, וְשֶׁל יַיִן לְתוֹךְ שֶׁל מַיִם - יָצָא.

רַבִּי יְהוּדָה אוֹמֵר: בַּלֹּג הָיָה מְנַסֵּךְ כָּל שְׁמוֹנָה - רבי יהודה חולק על תנא קמא בשני דברים: הוא סובר שהיו מנסכים בלוג אחד (כ-0.35 ליטר) ולא בשלושה, וסובר שניסכו שמונה ימים ולא שבעה.

וְלַמְנַסֵּךְ אוֹמְרִים לוֹ: "הַגְבַּהּ יָדֶךָ!" - כדי שיוכלו לראות ששופך לספל ולא על רגליו.

שֶׁפַּעַם אַחַת נִסֵּךְ אֶחָד עַל גַּבֵּי רַגְלָיו - אותו כוהן היה צדוקי, והצדוקים סברו שאין לקיים מצוות ניסוך המים מפני שאינה מפורשת בתורה, ולכן שפך את המים על רגליו ולא לספל.

וּרְגָמוּהוּ כָּל הָעָם בְּאֶתְרוֹגֵיהֶן - שהיו בידיהם בזמן תפילה שחרית והקפות המזבח, שהוא זמן ניסוך המים, ואין בדבר משום זלזול במצווה, שכן "זהו כבודו של אתרוג, לקדש בו את השם בענין כזה" (ריטב"א יומא כו, ב). בתוספתא (ג, טז) מבואר שהאתרוגים פגמו במזבח, "ובטלה עבודה בו ביום, עד שהביאו גוש אחד של מלח ונתנו עליו כדי שלא יֵרָאה מזבח פגום".

י **כְּמַעֲשֵׂהוּ בַחֹל – כָּךְ מַעֲשֵׂהוּ בַשַּׁבָּת,**
אֶלָּא שֶׁהָיָה מְמַלֵּא מֵעֶרֶב שַׁבָּת,
חָבִית שֶׁל זָהָב שֶׁאֵינָהּ מְקֻדֶּשֶׁת מִן הַשִּׁילוֹחַ, וּמַנִּיחָהּ בַּלִּשְׁכָּה.
נִשְׁפְּכָה אוֹ נִתְגַּלְּתָה – הָיָה מְמַלֵּא מִן הַכִּיּוֹר,
שֶׁהַיַּיִן וְהַמַּיִם הַמְגֻלִּין פְּסוּלִים לְגַבֵּי הַמִּזְבֵּחַ.

רבי עובדיה מברטנורה

שֶׁאֵינָהּ מְקֻדֶּשֶׁת. שֶׁלֹּא נִתְחַנְּכָה לַעֲבוֹדַת מִזְבֵּחַ. דְּאִי הֲוֵי מַיְתֵי בִּמְקֻדֶּשֶׁת – אִפְסִילוּ לְהוּ בְּלִינָה, שֶׁכְּלֵי שָׁרֵת מְקַדְּשִׁים, כִּדְכְתִיב (שמות ל, כט): "כָּל הַנֹּגֵעַ בָּהֶם יִקְדָּשׁ", וְכָל הַקָּדוֹשׁ קְדֻשַּׁת הַגּוּף – נִפְסָל בְּלִינָה: הָיָה מְמַלֵּא מִן הַכִּיּוֹר. וְאַף עַל פִּי שֶׁהַכִּיּוֹר הֻקְדַּשׁ לִכְלִי שָׁרֵת וּמְקַדֵּשׁ אֶת מֵימָיו – לֹא הָיוּ נִפְסָלִים בְּלִינָה, לְפִי שֶׁהָיוּ מַשְׁקִיעִים אוֹתוֹ מִבָּעֶרֶב בַּבּוֹר, כִּדְאָמַר בְּיוֹמָא (משנה ג, י): "אַף הוּא עָשָׂה מוּכְנִי לַכִּיּוֹר שֶׁלֹּא יְהוּ מֵימָיו נִפְסָלִים בְּלִינָה": שֶׁהַיַּיִן וְהַמַּיִם הַמְגֻלִּין. הַיְנוּ טַעֲמָא דְּנִתְגַּלָּה מְמַלֵּא מִן הַכִּיּוֹר וְלֹא הָיָה מְנַסֵּךְ מֵהֶן, שֶׁהַמַּיִם הַמְגֻלִּין פְּסוּלִים לְגַבֵּי הַמִּזְבֵּחַ:

משנה זו מתארת את ניסוך המים בשבת, שכן מצד אחד אי־אפשר למלא את החבית בשבת משום טלטול, ומצד שני אם ימלא את המים בכלי מערב שבת הם ייפסלו.

כְּמַעֲשֵׂהוּ בַחֹל – כָּךְ מַעֲשֵׂהוּ בַשַּׁבָּת, אֶלָּא שֶׁהָיָה מְמַלֵּא מֵעֶרֶב שַׁבָּת, חָבִית שֶׁל זָהָב שֶׁאֵינָהּ מְקֻדֶּשֶׁת מִן הַשִּׁילוֹחַ – רק כלי קדוש פוסל את מה שבתוכו בלינה, אבל כלי שאינו קדוש אינו פוסל בלינה, וכלי שאינו קדוש הוא כלי שעדיין לא עבדו בו.

וּמַנִּיחָהּ בַּלִּשְׁכָּה – המיוחדת לכך.

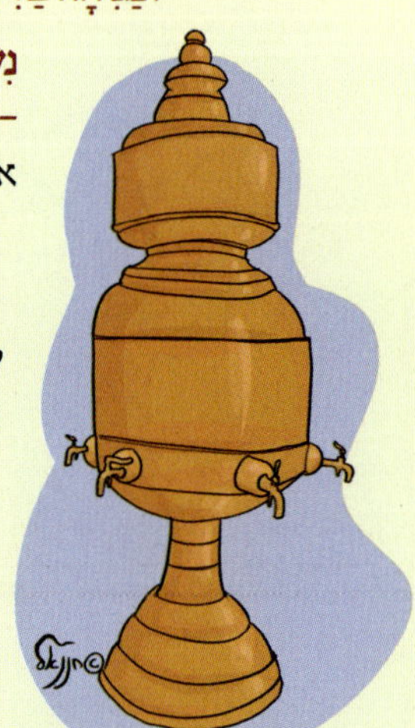

נִשְׁפְּכָה אוֹ נִתְגַּלְּתָה – ועתה אין מים לנסך, **הָיָה מְמַלֵּא מִן הַכִּיּוֹר** – שנמצא בין האולם ולמזבח, וממנו היו הכוהנים רוחצים את ידיהם ורגליהם לעבודה, ובשעת הצורך היו ממלאים ממנו לניסוך המים.

שֶׁהַיַּיִן וְהַמַּיִם הַמְגֻלִּין פְּסוּלִים לְגַבֵּי הַמִּזְבֵּחַ – שכן הם פסולים לשתיית אדם במקום שמצויים נחשים, שמא שתה מהם נחש, ואם הם פסולים לאדם - כל שכן שפסולים למזבח.

פרק חמישי

פרק זה מתאר את השמחה היתרה שהייתה במקדש בחג הסוכות, ומתאר את סדר שאיבת המים, השמחה והקרבת הקרבנות בחג. הפרק מסיים בתיאור חלוקת העבודה והקרבנות של משמרות הכהונה.

א **הֶחָלִיל - חֲמִשָּׁה וְשִׁשָּׁה;**
זֶהוּ הֶחָלִיל שֶׁל בֵּית הַשּׁוֹאֵבָה,
שֶׁאֵינוֹ דּוֹחֶה לֹא אֶת הַשַּׁבָּת וְלֹא אֶת יוֹם טוֹב.

אָמְרוּ:
כָּל מִי שֶׁלֹּא רָאָה שִׂמְחַת בֵּית הַשּׁוֹאֵבָה -
לֹא רָאָה שִׂמְחָה מִיָּמָיו.

רבי עובדיה מברטנורה

הֶחָלִיל. הַרְבֵּה מִינֵי זֶמֶר הָיוּ שָׁם, וְעַל שֵׁם שֶׁחָלִיל קוֹלוֹ נִשְׁמָע יוֹתֵר מִן הָאֲחֵרִים - נִקְרְאוּ כֻּלָּם עַל שְׁמוֹ: **חֲמִשָּׁה וְשִׁשָּׁה.** פְּעָמִים חֲמִשָּׁה, פְּעָמִים שִׁשָּׁה. חָל יוֹם טוֹב רִאשׁוֹן לִהְיוֹת בְּשַׁבָּת - הֶחָלִיל שִׁשָּׁה. חָל בִּשְׁאָר יְמֵי הַחֹל - הֶחָלִיל חֲמִשָּׁה. לְפִי שֶׁאֵינוֹ דּוֹחֶה לֹא אֶת הַשַּׁבָּת וְלֹא אֶת יוֹם טוֹב: **שִׂמְחַת בֵּית הַשּׁוֹאֵבָה.** לְפִי שֶׁכָּל שִׂמְחָה זוֹ עַל שְׁאִיבַת הַמַּיִם שֶׁל נִסּוּךְ - קָרוּ לָהּ 'שִׂמְחַת בֵּית הַשּׁוֹאֵבָה', עַל שֵׁם "וּשְׁאַבְתֶּם מַיִם בְּשָׂשׂוֹן" (ישעיה יב, ג):

מלבד נטילת ארבעת המינים וקרבנות החג, היו מנסכים מים על גבי המזבח במשך ימי החג. את המים היו שואבים בערב, ובזמן השאיבה הייתה שמחה גדולה.

הֶחָלִיל - החליל הוא כלי נגינה והוא היה עשוי מקנה ולא היה מצופה זהב (תוספתא ערכין ב, ג), חליל זה דומה לחליל שלנו, אך צר בראשו ורחב בסופו. יש אומרים שניגנו בכלי נגינה נוספים אך הזכירו רק את החליל מפני חשיבותו וקולו החזק, ויש אומרים שהנגינה בזמן שאיבת המים הייתה בחליל בלבד, ולהלן במשנה ד מתוארים כלי נגינה נוספים שהיו בזמן שהביאו את המים למקדש.

הֶחָלִיל חֲמִשָּׁה וְשִׁשָּׁה ימים, חכמים אסרו לנגן בשבת וביום טוב, גזרה שמא יתקן כלי שיר, ולכן אם חל יום ראשון של סוכות בשבת ניגנו בחליל שישה ימים, ואם חל ביום חול רק חמישה ימים.

זֶהוּ הֶחָלִיל שֶׁל בֵּית הַשּׁוֹאֵבָה – חליל זה אינו החליל שניגנו בו על המזבח בשעת העבודה, שכן על המזבח ניגנו גם בשבת, שאין שבות במקדש (כלומר, אין גזרות חכמים. והטעם לכך הוא מפני שגזרות חכמים נתקנו כדי להרחיק את האדם מן העברה, אך במקדש הכוהנים זהירים וזריזים ולא ייכשלו), אלא זהו חליל שניגנו בזמן ששאבו את המים במקום שנקרא 'בית השואבה', והחליל נועד לשמחה יתרה אך לא לעבודה.

שֶׁאֵינוֹ דּוֹחֶה לֹא אֶת הַשַּׁבָּת וְלֹא אֶת יוֹם טוֹב – ולכן ניגנו בו חמישה או שישה ימים, וכפי שביארנו.

אָמְרוּ: כָּל מִי שֶׁלֹּא רָאָה שִׂמְחַת בֵּית הַשּׁוֹאֵבָה לֹא רָאָה שִׂמְחָה מִיָּמָיו – בחג הסוכות נצטוו ישראל לשמוח שמחה יתרה, ושמחה זו באה לידי ביטוי בזמן שאיבת המים, שכן היא מדמה את שאיבת חכמת ה', והיא ביטוי לשפע שיש בחג הסוכות.

ב בְּמוֹצָאֵי יוֹם טוֹב הָרִאשׁוֹן שֶׁל הֶחָג,
יָרְדוּ לְעֶזְרַת נָשִׁים וּמְתַקְּנִין שָׁם תִּקּוּן גָּדוֹל.

וּמְנוֹרוֹת שֶׁל זָהָב הָיוּ שָׁם,
וְאַרְבָּעָה סְפָלִים שֶׁל זָהָב בְּרָאשֵׁיהֶן,
וְאַרְבָּעָה סֻלָּמוֹת לְכָל אֶחָד וְאֶחָד,
וְאַרְבָּעָה יְלָדִים מִפִּרְחֵי כְהֻנָּה,
וּבִידֵיהֶם כַּדִּים שֶׁל שֶׁמֶן שֶׁל מֵאָה וְעֶשְׂרִים לֹג,
שֶׁהֵן מַטִּילִין לְכָל סֵפֶל וָסֵפֶל.

רבי עובדיה מברטנורה

תִּקּוּן גָּדוֹל. שֶׁהָיוּ מַקִּיפִים אוֹתָהּ גְּזוּזְטְרָאוֹת וּמוֹשִׁיבִים הַנָּשִׁים לְמַעְלָה וְהָאֲנָשִׁים מִלְּמַטָּה, כְּדֵי שֶׁלֹּא יָבֹאוּ לִידֵי קַלּוּת רֹאשׁ: **בְּרָאשֵׁיהֶן.** בְּרֹאשׁ כָּל מְנוֹרָה:

משנה זו מתארת כיצד הכינו את בית המקדש לשמחה הגדולה. כיוון שכל ישראל מצווים לעלות לרגל, היו צריכים להתכונן לבואם, ולכן בנו מרפסת בעזרת הנשים כדי להפריד בין הגברים לנשים. והביאו מנורות גדולות כדי להאיר את העזרה בזמן השמחה.

בְּמוֹצָאֵי יוֹם טוֹב הָרִאשׁוֹן שֶׁל הֶחָג – כיוון שעיקר השמחה הייתה רק בימי חול המועד לא רצו להתחיל את ההכנות קודם.

יָרְדוּ לְעֶזְרַת נָשִׁים – הכוהנים והלוויים היו יורדים מעזרת ישראל, שהיא גבוהה, לעזרת הנשים, ששם הייתה עיקר השמחה.

וּמְתַקְּנִין שָׁם תִּקּוּן גָּדוֹל – היו בונים כעין מרפסת מעץ כדי שהאנשים לא יתערבו עם הנשים, שכן הייתה צפיפות גדולה ובזמן השמחה היו יכולים להגיע לקלות ראש (גמרא נא, ב), והנשים היו עומדות למעלה והגברים למטה (תוספתא ד, א, ומשנה מדות ב, ה). ויש אומרים שאת המחיצה בנו בערב יום טוב, וההפרדה הייתה נעשית במוצאי יום טוב.

וּמְנוֹרוֹת שֶׁל זָהָב הָיוּ שָׁם – להאיר את המקדש, ובמשנה הבאה אמרו שמנורות אלו האירו את כל ירושלים.

וְאַרְבָּעָה סְפָלִים שֶׁל זָהָב בְּרָאשֵׁיהֶן – בראש כל מנורה עמדו ארבעה ספלים של זהב, ובסך הכול היו 16 ספלים.

וְאַרְבָּעָה סֻלָּמוֹת לְכָל אֶחָד וְאֶחָד – לכל מנורה היו ארבעה סולמות, סולם לכל ספל. בגמרא (נב, ב) אמרו שגובהה של כל מנורה היה חמישים אמה, ובירושלמי (ה, ב) אמרו מאה אמה.

וְאַרְבָּעָה יְלָדִים מִפִּרְחֵי כְהֻנָּה – אף על פי שהיו נערים, כוחם היה רב ויכלו לסחוב משקל רב.

וּבִידֵיהֶם כַּדִּים שֶׁל שֶׁמֶן שֶׁל מֵאָה וְעֶשְׂרִים לֹג, שֶׁהֵן מַטִּילִין לְכָל סֵפֶל וָסֵפֶל – בגמרא (נב, ב) אמרו שכל כד הכיל 30 לוג (כ-10 ליטרים), ובסך הכול 120 לוג (שהם כ-41 ליטר).

ג מִבְּלָאֵי מִכְנְסֵי כֹהֲנִים וּמֵהֶמְיָנֵיהֶן,
מֵהֶן הָיוּ מַפְקִיעִין, וּבָהֶן הָיוּ מַדְלִיקִין.
וְלֹא הָיְתָה חָצֵר בִּירוּשָׁלַיִם,
שֶׁאֵינָהּ מְאִירָה מֵאוֹר בֵּית הַשּׁוֹאֵבָה.

רבי עובדיה מברטנורה

מִבְּלָאֵי מִכְנְסֵי כֹהֲנִים. מִמִּכְנְסֵי כֹּהֲנִים הַבְּלוּיוֹת וּמֵאַבְנְטֵיהֶן הַיְשָׁנִים. תַּרְגּוּם (שמות לט, כט): "הָאַבְנֵט" - "הֶמְיָנָא": **הָיוּ מַפְקִיעִים.** קוֹרְעִים לַעֲשׂוֹת פְּתִילוֹת:

שֶׁלֹּא הָיְתָה מְאִירָה. לְפִי שֶׁהַמְּנוֹרוֹת גְּבוֹהוֹת חֲמִשִּׁים אַמָּה וְהַר הַבַּיִת גָּבֹהַּ וְהָאוֹרָה זוֹרַחַת בְּכָל הָעִיר:

במשנה זו מתואר מניין היו מביאים פתילות למנורות ועד כמה אורן היה מאיר.

מֵהֶמְיָנֵיהֶן – אבנטים.

מַפְקִיעִין – מכינים פתילות.

מִבְּלָאֵי מִכְנְסֵי כֹהֲנִים וּמֵהֶמְיָנֵיהֶן מֵהֶן הָיוּ מַפְקִיעִין וּבָהֶן הָיוּ מַדְלִיקִין – את הפתילות היו מכינים מהמכנסיים והאבנטים הבלואים של הכוהנים, שכיוון ששימשו למצווה – עושים בהם מצווה נוספת שקשורה למקדש. יש שכתבו שהיו מדליקים גם בשיירי בגדים נוספים, כגון מצנפת וכתונת. ויש שכתבו שהדליקו דווקא בבגדים אלו ולא בשאר בגדים, ומשום שהאבנט מכפר על הרהור הלב והמכנסיים על גילוי עריות (ראה זבחים פח, ב).

וְלֹא הָיְתָה חָצֵר בִּירוּשָׁלַיִם שֶׁאֵינָהּ מְאִירָה מֵאוֹר בֵּית הַשּׁוֹאֵבָה – מפני שאור גדול בקע מהמנורה שהייתה גבוהה, והמקדש הוא בגובהה של ירושלים.

ד חֲסִידִים וְאַנְשֵׁי מַעֲשֶׂה

הָיוּ מְרַקְּדִים לִפְנֵיהֶם בַּאֲבוּקוֹת שֶׁל אוֹר שֶׁבִּידֵיהֶן,

וְאוֹמְרִים לִפְנֵיהֶן דִּבְרֵי שִׁירוֹת וְתִשְׁבָּחוֹת.

וְהַלְוִיִּם בְּכִנּוֹרוֹת וּבִנְבָלִים וּבִמְצִלְתַּיִם וּבַחֲצוֹצְרוֹת,

וּבִכְלֵי שִׁיר בְּלֹא מִסְפָּר,

עַל חֲמֵשׁ עֶשְׂרֵה מַעֲלוֹת, הַיּוֹרְדוֹת מֵעֶזְרַת יִשְׂרָאֵל לְעֶזְרַת נָשִׁים,

כְּנֶגֶד חֲמִשָּׁה עָשָׂר "שִׁיר הַמַּעֲלוֹת" שֶׁבַּתְּהִלִּים,

שֶׁעֲלֵיהֶן לְוִיִּם עוֹמְדִין בִּכְלֵי שִׁיר וְאוֹמְרִים שִׁירָה.

וְעָמְדוּ שְׁנֵי כֹהֲנִים בְּשַׁעַר הָעֶלְיוֹן, שֶׁיּוֹרֵד מֵעֶזְרַת יִשְׂרָאֵל לְעֶזְרַת נָשִׁים,

וּשְׁתֵּי חֲצוֹצְרוֹת בִּידֵיהֶן.

קָרָא הַגֶּבֶר - תָּקְעוּ וְהֵרִיעוּ וְתָקְעוּ.

הִגִּיעוּ לְמַעֲלָה עֲשִׂירִית - תָּקְעוּ וְהֵרִיעוּ וְתָקְעוּ.

הִגִּיעוּ לָעֲזָרָה - תָּקְעוּ וְהֵרִיעוּ וְתָקְעוּ.

הָיוּ תוֹקְעִין וְהוֹלְכִין, עַד שֶׁמַּגִּיעִין לְשַׁעַר הַיּוֹצֵא לַמִּזְרָח.

הִגִּיעוּ לְשַׁעַר הַיּוֹצֵא לַמִּזְרָח,

הָפְכוּ פְּנֵיהֶן לַמַּעֲרָב, וְאָמְרוּ:

"אֲבוֹתֵינוּ שֶׁהָיוּ בַּמָּקוֹם הַזֶּה,

'אֲחֹרֵיהֶם אֶל-הֵיכַל ה' וּפְנֵיהֶם קֵדְמָה, וְהֵמָּה מִשְׁתַּחֲוִים קֵדְמָה לַשָּׁמֶשׁ',

וְאָנוּ לְיָהּ עֵינֵינוּ".

רַבִּי יְהוּדָה אוֹמֵר:

הָיוּ שׁוֹנִין וְאוֹמְרִים: "אָנוּ לְיָהּ, וּלְיָהּ עֵינֵינוּ".

רבי עובדיה מברטנורה

בַּאֲבוּקוֹת שֶׁל אוֹר. בְּאַרְבַּע אֲבוּקוֹת אוֹ בִשְׁמֹנֶה, זוֹרֵק זוֹ וּמְקַבֵּל אֶת זוֹ: **דִּבְרֵי שִׁירוֹת וְתִשְׁבָּחוֹת.** יֵשׁ מֵהֶן שֶׁהָיוּ אוֹמְרִים: "אַשְׁרֵי יַלְדוּתֵנוּ שֶׁלֹּא בִּיְּשָׁה אֶת זִקְנוּתֵנוּ" (גמרא נג, א), אֵלּוּ חֲסִידִים וְאַנְשֵׁי מַעֲשֶׂה. וְיֵשׁ שֶׁהָיוּ אוֹמְרִים: "אַשְׁרֵי זִקְנוּתֵנוּ שֶׁכִּפְּרָה עַל יַלְדוּתֵנוּ", אֵלּוּ בַּעֲלֵי תְשׁוּבָה. וְאֵלּוּ וְאֵלּוּ אוֹמְרִים: "אַשְׁרֵי מִי שֶׁלֹּא חָטָא, וּמִי שֶׁחָטָא [יַעֲשֶׂה תְשׁוּבָה] וְנִמְחָל לוֹ": **שֶׁעֲלֵיהֶם לְוִיִּם עוֹמְדִים בְּשִׁיר.** בְּשִׂמְחַת בֵּית הַשּׁוֹאֵבָה. אֲבָל דּוּכָן לְשִׁיר שֶׁל קָרְבָּן - אֵצֶל הַמִּזְבֵּחַ הָיָה: **תָּקְעוּ וְהֵרִיעוּ וְתָקְעוּ.** זֶה סִימָן לֵילֵךְ

וּלְמַלֹּאות מַיִם לְנִסּוּךְ מִן הַשִּׁילוֹחַ: **הִגִּיעוּ לָעֲזָרָה**. לְקַרְקַע עֲזָרָה שֶׁל נָשִׁים: **הָפְכוּ פְּנֵיהֶם לַמַּעֲרָב**. לְצַד הָעֲזָרָה וְהַהֵיכָל, כְּדֵי לוֹמַר דָּבָר זֶה: **שׁוֹנִין**. כּוֹפְלִין לוֹמַר: **"אָנוּ לְיָהּ"** מִשְׁתַּחֲוִים וּמוֹדִים עַל מָה שֶׁעָבַר, **"וּלְיָהּ עֵינֵינוּ"** מְיַחֲלוֹת לְהַבָּא:

במשנה זו מתואר כיצד הייתה השמחה, מי רקד, כיצד רקד ומה אמרו בה.

חֲסִידִים וְאַנְשֵׁי מַעֲשֶׂה – גדולי הדור היו עוסקים בשמחה עצמה, וכפי שיתואר, ושאר העם היה מתבוננים בהם.

הָיוּ מְרַקְּדִים לִפְנֵיהֶם בַּאֲבוּקוֹת שֶׁל אוֹר שֶׁבִּידֵיהֶן – בתוספתא (ד, ד) מסופר על רבן שמעון בן גמליאל שזרק שמונה אבוקות של אור ולא נגעו אחת בשנייה, ובזמן שהאבוקות היו באוויר כרע ונגע באגודליו בארץ.

וְאוֹמְרִים לִפְנֵיהֶן דִּבְרֵי שִׁירוֹת וְתִשְׁבָּחוֹת – בגמרא (נג, א) מובא שגדולי הדור היו אומרים: "אשרי ילדותנו שלא ביישה את זקנותנו" (כלומר, היינו צדיקים גם כשהיינו צעירים וגם עתה כשאנו זקנים), בעלי תשובה היו אומרים: "אשרי זקנותנו שכפרה את ילדותנו", וכולם אמרו: "אשרי מי שלא חטא, ומי שחטא ישוב וימחול לו".

וְהַלְוִיִּם בְּכִנּוֹרוֹת וּבִנְבָלִים וּבִמְצִלְתַּיִם וּבַחֲצוֹצְרוֹת – אלו כלי הנגינה שהיו מנגנים על המזבח בשעת הקרבת הקרבן (ראה משנה ערכין ב, ה).

וּבִכְלֵי שִׁיר בְּלֹא מִסְפָּר – כלומר, לא היה מספר קבוע לכלי הנגינה באותה שמחה, בניגוד לכלי נגינה על המזבח בזמן הקרבן, שהיה להם מספר קבוע (ראה משנה ערכין ב, ה). והרמב"ם (הלכות סוכה ח, יג) כתב שכל מי שידע לנגן הביא כלי וניגן בו.

בזמן שהיו מנגנים על הקרבן היו

הלוויים עומדים על דוכן ליד המזבח, אבל בשמחת בית השואבה היו עומדים **עַל חֲמֵשׁ עֶשְׂרֵה מַעֲלוֹת הַיּוֹרְדוֹת מֵעֶזְרַת יִשְׂרָאֵל לְעֶזְרַת נָשִׁים** – כדי לקבל את פני הבאים, ויש שפירשו שעומדים שם משום שזה מקום גבוה והכול יכולים לראות אותם, וגם כדי שההמון לא ידחוק אותם.

כְּנֶגֶד חֲמִשָּׁה עָשָׂר "שִׁיר הַמַּעֲלוֹת" שֶׁבַּתְּהִלִּים – מזמורים קכ-קלד, שחיבר אותם דוד בשעה שהעולם כמעט נשטף במים (גמרא נג, א), ולכן עומדים עליהן עתה, בשעת שאיבת המים.

שֶׁעֲלֵיהֶן לְוִיִּם עוֹמְדִין בִּכְלֵי שִׁיר וְאוֹמְרִים שִׁירָה – בתוספתא (ד, ז-ח) מבואר שיש שהיו אומרים מזמור קכח בתהלים, ויש שהיו אומרים מזמור קלד.

וְעָמְדוּ שְׁנֵי כֹהֲנִים בְּשַׁעַר הָעֶלְיוֹן, שֶׁיּוֹרֵד מֵעֶזְרַת יִשְׂרָאֵל לְעֶזְרַת נָשִׁים – שני הכוהנים היו עומדים ליד שער ניקנור, מעל תזמורת הלוויים.

וּשְׁתֵּי חֲצוֹצְרוֹת בִּידֵיהֶן – על ידי החצוצרות היו מסמנים לעם שהגיע זמן השאיבה.

קָרָא הַגֶּבֶר – האיר הבוקר.

תָּקְעוּ וְהֵרִיעוּ וְתָקְעוּ – להורות שהגיע זמן השאיבה. ובכל פעם שתקעו בחצוצרות הסדר היה: תקיעה, תרועה, תקיעה.

הִגִּיעוּ לְמַעֲלָה עֲשִׂירִית תָּקְעוּ וְהֵרִיעוּ וְתָקְעוּ – בגמרא (נג, ב) התלבטו אם הכוונה מעלה עשירית מלמטה או מלמעלה.

הִגִּיעוּ לָעֲזָרָה תָּקְעוּ וְהֵרִיעוּ וְתָקְעוּ – ונמצא שתקעו פעם אחת באמצע הירידה ופעם אחת בסופה.

הָיוּ תוֹקְעִין וְהוֹלְכִין עַד שֶׁמַּגִּיעִין לְשַׁעַר הַיּוֹצֵא לַמִּזְרָח – זהו השער התחתון, שנמצא בצד מזרח של בית המקדש והר הבית.

הִגִּיעוּ לְשַׁעַר הַיּוֹצֵא לַמִּזְרָח, הָפְכוּ פְּנֵיהֶן לַמַּעֲרָב – לכיוון העזרות וההיכל.

וְאָמְרוּ: "אֲבוֹתֵינוּ שֶׁהָיוּ בַּמָּקוֹם הַזֶּה, 'אֲחֹרֵיהֶם אֶל הֵיכַל ה' וּפְנֵיהֶם קֵדְמָה, וְהֵמָּה מִשְׁתַּחֲוִים קֵדְמָה לַשָּׁמֶשׁ' (יחזקאל ח, טז), **וְאָנוּ, לְיָהּ עֵינֵינוּ"** – השואבים שחיו בזמן בית המקדש השני היו אומרים שבניגוד לכופרים שהיו בימי הבית הראשון בזמן יחזקאל, שהיו מבזים את המקדש ומשתחווים לשמש, הרי שהם מכבדים את המקדש ועושים את כל מעשיהם לכבוד ה'. ואמרו כן דווקא בשעת שמחה, שאז הוא זמן שיכולים להגיע ח"ו לכפירה יותר מזמן צרה.

רַבִּי יְהוּדָה אוֹמֵר: הָיוּ שׁוֹנִין וְאוֹמְרִים: "אָנוּ לְיָהּ, וּלְיָהּ עֵינֵינוּ" – בגמרא (נג, ב) מבואר שהיו אומרים: "אנו ליה משתחוים, ועינינו ליה מיחלות". רבי יהודה סובר שלא די שהשואבים היו משתחווים לה' ולא לשמש, שכן לא די במעשה, אלא צריכים להדגיש שגם לִבם לשמים, ולכן מוסיפים "ועינינו ליה מיחלות".

ה אֵין פּוֹחֲתִין מֵעֶשְׂרִים וְאַחַת תְּקִיעוֹת בַּמִּקְדָּשׁ,
וְאֵין מוֹסִיפִין עַל אַרְבָּעִים וּשְׁמוֹנֶה.

בְּכָל יוֹם הָיוּ שָׁם עֶשְׂרִים וְאַחַת תְּקִיעוֹת בַּמִּקְדָּשׁ:
שָׁלֹשׁ לִפְתִיחַת שְׁעָרִים,
וְתֵשַׁע לְתָמִיד שֶׁל שַׁחַר,
וְתֵשַׁע לְתָמִיד שֶׁל בֵּין הָעַרְבַּיִם.
וּבַמּוּסָפִין הָיוּ מוֹסִיפִין עוֹד תֵּשַׁע,
וּבְעֶרֶב שַׁבָּת הָיוּ מוֹסִיפִין עוֹד שֵׁשׁ:
שָׁלֹשׁ לְהַבְטִיל הָעָם מִמְּלָאכָה,
וְשָׁלֹשׁ לְהַבְדִּיל בֵּין קֹדֶשׁ לְחֹל.

עֶרֶב שַׁבָּת שֶׁבְּתוֹךְ הֶחָג הָיוּ שָׁם אַרְבָּעִים וּשְׁמוֹנֶה:
שָׁלֹשׁ לִפְתִיחַת שְׁעָרִים,
שָׁלֹשׁ לְשַׁעַר הָעֶלְיוֹן, וְשָׁלֹשׁ לְשַׁעַר הַתַּחְתּוֹן,
וְשָׁלֹשׁ לְמִלּוּי הַמַּיִם, וְשָׁלֹשׁ עַל גַּבֵּי הַמִּזְבֵּחַ,
תֵּשַׁע לְתָמִיד שֶׁל שַׁחַר,
וְתֵשַׁע לְתָמִיד שֶׁל בֵּין הָעַרְבַּיִם,
וְתֵשַׁע לַמּוּסָפִין,
שָׁלֹשׁ לְהַבְטִיל אֶת הָעָם מִן הַמְּלָאכָה,
וְשָׁלֹשׁ לְהַבְדִּיל בֵּין קֹדֶשׁ לְחֹל.

רבי עובדיה מברטנורה

שָׁלֹשׁ לִפְתִיחַת שְׁעָרִים. כְּשֶׁפּוֹתְחִים שַׁעֲרֵי הָעֲזָרָה – הָיוּ תּוֹקְעִים: תְּקִיעָה, תְּרוּעָה, תְּקִיעָה, וְחָשֵׁיב לְהוּ לְשָׁלֹשׁ תְּקִיעוֹת: וְתֵשַׁע לְתָמִיד שֶׁל שַׁחַר. כְּשֶׁהָיוּ מְנַסְּכִים נִסְכֵּי הַתָּמִיד – הַלְוִיִּם אוֹמְרִים בַּשִּׁיר. וּשְׁלֹשָׁה פְּרָקִים הָיוּ מַפְסִיקִים בּוֹ, וְעַל כָּל פֶּרֶק וּפֶרֶק הָיוּ הַכֹּהֲנִים תּוֹקְעִים שָׁלֹשׁ תְּקִיעוֹת: תְּקִיעָה, תְּרוּעָה, תְּקִיעָה, וּמִשְׁתַּחֲוִים הָעָם [תְּקִיעָה, תְּרוּעָה, תְּקִיעָה, חָשֵׁיב לְהוּ לְשָׁלֹשׁ] – הֲרֵי ט׳ תְּקִיעוֹת: לְהַבְטִיל הָעָם מִמְּלָאכָה. תְּקִיעָה רִאשׁוֹנָה לְבַטֵּל הָעָם שֶׁבַּשָּׂדוֹת, תְּקִיעָה שְׁנִיָּה נִסְתַּלְּקוּ הַתְּרִיסִין וְנִנְעֲלוּ הַחֲנֻיּוֹת, תְּקִיעָה שְׁלִישִׁית סִלֵּק הַמְסַלֵּק וְהִטְמִין הַמַּטְמִין אֶת הַחַמִּין, וְהִדְלִיקוּ אֶת הַנֵּרוֹת: וְשָׁלֹשׁ לְהַבְדִּיל בֵּין קֹדֶשׁ לְחֹל. לְאַחַר הַתְּקִיעוֹת הָרִאשׁוֹנוֹת שָׁהָה כְּדֵי לִצְלוֹת דָּג קָטָן, וְתוֹקֵעַ וּמֵרִיעַ וְתוֹקֵעַ. אֵלּוּ שָׁלֹשׁ תְּקִיעוֹת אַחֲרוֹנוֹת, לְהוֹדִיעַ שֶׁקָּדַשׁ הַיּוֹם: שָׁלֹשׁ לִפְתִיחַת שְׁעָרִים שֶׁל עֲזָרָה, שֶׁתּוֹקְעִים בְּכָל יוֹם: וְשָׁלֹשׁ לְשַׁעַר הָעֶלְיוֹן. כִּדְאַמְרַן לְעֵיל (משנה ד), עָמְדוּ שְׁנֵי כֹּהֲנִים בַּשַּׁעַר הָעֶלְיוֹן... קָרָא הַגֶּבֶר, תָּקְעוּ וְהֵרִיעוּ וְתָקְעוּ: וְשָׁלֹשׁ לְשַׁעַר הַתַּחְתּוֹן. דִּתְנַן לְעֵיל (שם), הִגִּיעוּ לָעֲזָרָה תָּקְעוּ וְהֵרִיעוּ וְתָקְעוּ. וּמַאֲרִיכִין

בָּהֶן עַד שֶׁהִגִּיעוּ לַשַּׁעַר הַתַּחְתּוֹן, כִּדְתְנַן (שם): הָיוּ תוֹקְעִין וְהוֹלְכִין עַד שֶׁהִגִּיעוּ לַשַּׁעַר הַיּוֹצֵא מִמִּזְרָח, לְהָכִי קָרֵי לְהוּ שָׁלֹשׁ שֶׁל שַׁעַר הַתַּחְתּוֹן. וְשָׁלֹשׁ שֶׁל מַעֲלָה עֲשִׂירִית לָא קָחָשֵׁיב, דְּהַאי תַּנָּא סָבַר כְּרַבִּי אֱלִיעֶזֶר בֶּן יַעֲקֹב, דְּאָמַר שֶׁלֹּא הָיוּ תוֹקְעִים לְמַעֲלָה עֲשִׂירִית: וְשָׁלֹשׁ לְמִלּוּי הַמַּיִם. לְאַחַר שֶׁשְּׁאָבוּם וּבָאוּ לָהֶם לָעֲזָרָה דֶּרֶךְ שַׁעַר הַמַּיִם – תָּקְעוּ וְהֵרִיעוּ וְתָקְעוּ: עַל גַּבֵּי הַמִּזְבֵּחַ. דִּתְנַן בְּפֶרֶק לוּלָב וַעֲרָבָה (לעיל ד, ה): "וּזְקָפוּם עַל גַּבֵּי הַמִּזְבֵּחַ... תָּקְעוּ וְהֵרִיעוּ וְתָקְעוּ". וְתַנָּא דִּידָן לָא מַיְתֵי הָכָא כְּשֶׁחָל לִהְיוֹת עֶרֶב פֶּסַח בְּשַׁבָּת, שֶׁהַפֶּסַח נִשְׁחָט בְּשָׁלֹשׁ כִּתּוֹת, וּתְקִיעוֹת טוּבָא הָווּ הָתָם, מִשּׁוּם דְּלָא שְׁכִיחָא כְּלֵי הַאי, שֶׁיָּבֹא עֶרֶב פֶּסַח בְּשַׁבָּת. וְהָא דִּתְנַן: אֵין מוֹסִיפִין עַל אַרְבָּעִים וּשְׁמוֹנֶה – לָאו דַּוְקָא, דִּבְעֶרֶב פֶּסַח שֶׁחָל לִהְיוֹת בְּשַׁבָּת זִמְנִין דְּמוֹסִיפִים עַד שֶׁבַע וַחֲמִשִּׁים תְּקִיעוֹת:

במשנה זה מתואר סדר התקיעות שהיה במקדש ובירושלים.

אֵין פּוֹחֲתִין מֵעֶשְׂרִים וְאַחַת תְּקִיעוֹת בַּמִּקְדָּשׁ – ביום רגיל.

וְאֵין מוֹסִיפִין עַל אַרְבָּעִים וּשְׁמוֹנֶה – באירועים מיוחדים, וכפי שהמשנה הולכת ומבארת.

בְּכָל יוֹם הָיוּ שָׁם עֶשְׂרִים וְאַחַת תְּקִיעוֹת בַּמִּקְדָּשׁ: שָׁלֹשׁ לִפְתִיחַת שְׁעָרִים – בבוקר היו פותחים את שערי ההיכל קודם הקרבת קרבן התמיד, כמתואר במשנה תמיד ג, ז.

וְתֵשַׁע לְתָמִיד שֶׁל שַׁחַר וְתֵשַׁע לְתָמִיד שֶׁל בֵּין הָעַרְבַּיִם – בזמן הקרבת התמיד הלוויים היו אומרים שיר של אותו יום, ואת השיר חילקו לשלושה חלקים, ובכל תחילת חלק תקעו שלוש תקיעות, כמתואר במשנה תמיד ז, ג.

וּבַמּוּסָפִין הָיוּ מוֹסִיפִין עוֹד תֵּשַׁע – ביום שהיו קרבנות מוסף, היו תוקעים עוד שלוש פעמים תקיעה, תרועה, תקיעה בזמן הקרבת הנסכים של קרבנות המוסף.

וּבְעֶרֶב שַׁבָּת הָיוּ מוֹסִיפִין עוֹד שֵׁשׁ: שָׁלֹשׁ לְהַבְטִיל הָעָם מִמְּלָאכָה – במסכת שבת (לה, ב) פירטו: "ראשונה להבטיל [=להפסיק] את העם ממלאכה שבשדות, שניה להבטיל עיר וחנויות, שלישית להדליק את הנר".

וְשָׁלֹשׁ לְהַבְדִּיל בֵּין קֹדֶשׁ לְחֹל – בתוספתא (ד, יא) ביארו שהיו ממתינים קצת בין התקיעות כדי שאלה שבטלו ממלאכה יספיקו להכין מאכל לסעודת שבת.

עתה המשנה מונה מתי היו ארבעים ושמונה תקיעות:

עֶרֶב שַׁבָּת שֶׁבְּתוֹךְ הֶחָג הָיוּ שָׁם אַרְבָּעִים וּשְׁמוֹנֶה: שָׁלֹשׁ לִפְתִיחַת שְׁעָרִים, שָׁלֹשׁ לַשַּׁעַר הָעֶלְיוֹן, וְשָׁלֹשׁ לַשַּׁעַר הַתַּחְתּוֹן – תנא זה חולק על התנא של המשנה הקודמת, וסובר שתקעו בשער התחתון, שער העזרה, ולא על המעלה העשירית (גמרא נד, א). **וְשָׁלֹשׁ לְמִלּוּי הַמַּיִם** – אחרי השאיבה, **וְשָׁלֹשׁ עַל גַּבֵּי הַמִּזְבֵּחַ** – בשעה שזקפו את הערבות על המזבח (ראה לעיל ד, ה), ויש אומרים בזמן ניסוך המים, **תֵּשַׁע לְתָמִיד שֶׁל שַׁחַר, וְתֵשַׁע לְתָמִיד שֶׁל בֵּין הָעַרְבַּיִם, וְתֵשַׁע לַמּוּסָפִין, שָׁלֹשׁ לְהַבְטִיל אֶת הָעָם מִן הַמְּלָאכָה, וְשָׁלֹשׁ לְהַבְדִּיל בֵּין קֹדֶשׁ לְחֹל.**

ו יוֹם טוֹב הָרִאשׁוֹן שֶׁל הֶחָג -

הָיוּ שָׁם שְׁלֹשָׁה עָשָׂר פָּרִים וְאֵילִים שְׁנַיִם וְשָׂעִיר אֶחָד.

נִשְׁתַּיְּרוּ שָׁם אַרְבָּעָה עָשָׂר כְּבָשִׂים לִשְׁמוֹנֶה מִשְׁמָרוֹת.

בַּיּוֹם הָרִאשׁוֹן - שִׁשָּׁה מַקְרִיבִין שְׁנַיִם שְׁנַיִם, וְהַשְּׁאָר אֶחָד אֶחָד.

בַּשֵּׁנִי - חֲמִשָּׁה מַקְרִיבִין שְׁנַיִם שְׁנַיִם, וְהַשְּׁאָר אֶחָד אֶחָד.

בַּשְּׁלִישִׁי - אַרְבָּעָה מַקְרִיבִין שְׁנַיִם שְׁנַיִם, וְהַשְּׁאָר אֶחָד אֶחָד.

בָּרְבִיעִי - שְׁלֹשָׁה מַקְרִיבִין שְׁנַיִם שְׁנַיִם, וְהַשְּׁאָר אֶחָד אֶחָד.

בַּחֲמִישִׁי - שְׁנַיִם מַקְרִיבִין שְׁנַיִם שְׁנַיִם, וְהַשְּׁאָר אֶחָד אֶחָד.

בַּשִּׁשִּׁי - אֶחָד מַקְרִיב שְׁנַיִם, וְהַשְּׁאָר אֶחָד אֶחָד.

בַּשְּׁבִיעִי - כֻּלָּן שָׁוִין.

בַּשְּׁמִינִי - חָזְרוּ לַפַּיִס כְּבָרְגָלִים.

אָמְרוּ:

"מִי שֶׁהִקְרִיב פָּרִים הַיּוֹם - לֹא יַקְרִיב לְמָחָר", אֶלָּא חוֹזְרִין חֲלִילָה.

רבי עובדיה מברטנורה

יוֹם טוֹב הָרִאשׁוֹן שֶׁל חָג וכו'. כ"ד מִשְׁמָרוֹת שֶׁל כְּהֻנָּה הָיוּ בַּמִּקְדָּשׁ, וְכֻלָּן עוֹלוֹת לָרֶגֶל וְזוֹכוֹת בְּחוֹבוֹת הַבָּאוֹת מֵחֲמַת הָרֶגֶל, וְשֵׁשׁ עֶשְׂרֵה מִשְׁמָרוֹת מַקְרִיבִים שֵׁשׁ עֶשְׂרֵה בְּהֵמוֹת, שֶׁהֵם שְׁלֹשָׁה עָשָׂר פָּרִים וְאֵילִים שְׁנַיִם וְשָׂעִיר אֶחָד. נִשְׁאֲרוּ שְׁמֹנָה מִשְׁמָרוֹת לְאַרְבָּעָה עָשָׂר כְּבָשִׂים, **שִׁשָּׁה** מִשְׁמָרוֹת מִן הַשְּׁמֹנָה הָיוּ מַקְרִיבִין **שְׁנֵי** כְּבָשִׂים כָּל אֶחָד מֵהֶם, הֲרֵי שְׁנֵים עָשָׂר כְּבָשִׂים. **וְהַשְּׁאָר**, שֶׁהֵם שְׁנֵי מִשְׁמָרוֹת הַנּוֹתָרוֹת - מַקְרִיבוֹת **אֶחָד אֶחָד**: **בַּשֵּׁנִי.** שֶׁנִּתְמַעֵט אֶחָד מִן הַפָּרִים וְנִשְׁתַּיְּרוּ תֵּשַׁע מִשְׁמָרוֹת לְאַרְבָּעָה עָשָׂר כְּבָשִׂים. **חֲמִשָּׁה** מֵהֶן הָיוּ מַקְרִיבִין **שְׁנַיִם שְׁנַיִם,** הֲרֵי עֲשָׂרָה. **וְהַשְּׁאָר**, שֶׁהֵם אַרְבַּע מִשְׁמָרוֹת הַנּוֹתָרוֹת, מַקְרִיבוֹת כָּל אֶחָד כֶּבֶשׂ **אֶחָד**: **בַּשְּׁלִישִׁי.** שֶׁנִּתְמַעֵט עוֹד פָּר אֶחָד מִן הַפָּרִים, וְנִשְׁאֲרוּ עֶשֶׂר מִשְׁמָרוֹת לְאַרְבָּעָה עָשָׂר כְּבָשִׂים. **אַרְבַּע** מִשְׁמָרוֹת מַקְרִיבוֹת **שְׁנַיִם שְׁנַיִם**, הֲוָה לְהוּ שְׁמֹנָה. **וְהַשְּׁאָר אֶחָד אֶחָד**, שִׁשָּׁה כְּבָשִׂים לְשִׁשָּׁה מִשְׁמָרוֹת: **בַּשְּׁבִיעִי - כֻּלָּן שָׁוִין.** הַמִּשְׁמָרוֹת. וּמַקְרִיבוֹת כְּבָשִׂים שָׁווֹת, שֶׁכָּל אַחַת מַקְרֶבֶת אַחַת, שֶׁהֲרֵי אֵינָם אֶלָּא שִׁבְעָה פָּרִים וְאֵילִים שְׁנַיִם וְשָׂעִיר אֶחָד לְעֶשֶׂר מִשְׁמָרוֹת. נִשְׁתַּיְּרוּ אַרְבָּעָה עָשָׂר כְּבָשִׂים לְאַרְבַּע עָשָׂר מִשְׁמָרוֹת: **בַּשְּׁמִינִי - חוֹזְרִים לַפַּיִס כִּבְרְגָלִים.** פַּר אֶחָד, אַיִל אֶחָד וְשִׁבְעָה כְּבָשִׂים שֶׁקְּרֵבִים בַּשְּׁמִינִי - אֵין קְרֵבִים כְּסֵדֶר קָרְבְּנוֹת הֶחָג לְפִי סֵדֶר הַמִּשְׁמָרוֹת, אֶלָּא כָּל הַמִּשְׁמָרוֹת בָּאוֹת וּמְפַיְּסוֹת עֲלֵיהֶן, כְּמוֹ שֶׁמְּפַיְּסוֹת בִּשְׁאָר רְגָלִים. וְסֵדֶר הַפַּיִס מְפֹרָשׁ בְּיוֹמָא פֶּרֶק בָּרִאשׁוֹנָה (פרק ב): **אָמְרוּ: מִשְׁמָר שֶׁהִקְרִיבוּ פָּרִים הַיּוֹם. לֹא** הָיוּ **מַקְרִיבִים** פָּרִים **לְמָחָר**. שֶׁהַמִּשְׁמָרוֹת שֶׁהִקְרִיבוּ אֶתְמוֹל כְּבָשִׂים - לֹא הָיוּ מַנִּיחִים אוֹתָן, **אֶלָּא חוֹזְרוֹת חֲלִילָה**:

בחג הסוכות ציוותה התורה (במדבר כט, יג-לד) להקריב שבעים פרים, וסדר ההקרבה הוא שביום הראשון מקריבים שלושה עשר, ביום השני שנים עשר ופוחת והולך עד שביום השביעי מקריב שבעה פרים. מלבד הפרים הקריבו בכל יום שני אילים, שעיר וארבעה עשר כבשים. וכיוון שבחג הסוכות עבדו כל 24 משמרות הכהונה, חילקו את העבודה בין כולם בשווה. המשנה מתארת כיצד חילקו את העבודה בין המשמרות בשווה.

יוֹם טוֹב הָרִאשׁוֹן שֶׁל הֶחָג הָיוּ שָׁם שְׁלֹשָׁה עָשָׂר פָּרִים וְאֵילִים שְׁנַיִם וְשָׂעִיר אֶחָד – וכל משמר הקריב קרבן אחד, והמשמרות הראשונות נקבעו לפי הגרלה (תוספתא ד, טו), והיה סדר קבוע לשאר המשמרות, כפי שמובא בסוף המשנה.

נִשְׁתַּיְּרוּ שָׁם אַרְבָּעָה עָשָׂר כְּבָשִׂים לִשְׁמוֹנֶה מִשְׁמָרוֹת.

בַּיּוֹם הָרִאשׁוֹן, שִׁשָּׁה מַקְרִיבִין שְׁנַיִם שְׁנַיִם – שני כבשים, **וְהַשְּׁאָר אֶחָד אֶחָד** - כבש אחד.

בַּשֵּׁנִי – התמעט פר אחד, והיו שנים עשר פרים, שני אילים ושעיר אחד, סך הכול: 15 קרבנות, **חֲמִשָּׁה מַקְרִיבִין שְׁנַיִם שְׁנַיִם, וְהַשְּׁאָר אֶחָד אֶחָד.**

בַּשְּׁלִישִׁי – היו שנים עשר פרים, וסך הכול 14 קרבנות מלבד הכבשים, **אַרְבָּעָה מַקְרִיבִין שְׁנַיִם שְׁנַיִם, וְהַשְּׁאָר אֶחָד אֶחָד.**

בָּרְבִיעִי – היו 13 קרבנות מלבד הכבשים, **שְׁלֹשָׁה מַקְרִיבִין שְׁנַיִם שְׁנַיִם, וְהַשְּׁאָר אֶחָד אֶחָד.**

בַּחֲמִישִׁי – היו 12 קרבנות מלבד הכבשים, **שְׁנַיִם מַקְרִיבִין שְׁנַיִם שְׁנַיִם, וְהַשְּׁאָר אֶחָד אֶחָד.**

בַּשִּׁשִּׁי – היו 11 קרבנות מלבד הכבשים, **אֶחָד מַקְרִיב שְׁנַיִם, וְהַשְּׁאָר אֶחָד אֶחָד.**

בַּשְּׁבִיעִי – היו 24 קרבנות כולל הכבשים, **כֻּלָּן שָׁוִין** – וכל משמר מ-24 משמרות מקריב קרבן אחד.

בַּשְּׁמִינִי – היה רק פר אחד, איל אחד ושבעה כבשים, וקרבנות אלו לא נכללו בסדר קרבנות החג, אלא **חָזְרוּ לַפַּיִס כִּבְרְגָלִים** – כמו בשאר הרגלים, כמתואר במסכת יומא (פרק ב), ולא היו מקריבים לפי סדר המשמרות.

אָמְרוּ: "מִי שֶׁהִקְרִיב פָּרִים הַיּוֹם – לֹא יַקְרִיב לְמָחָר" – כדי שתהיה חלוקה הוגנת ושאף משמרת לא תקריב פר שני ימים רצופים. ודווקא בפר הקפידו ולא בשאר קרבנות, מפני שהוא קרבן חשוב יותר, שכן נסכיו מרובים והיו צריכים כוהנים רבים כדי להקריבו על המזבח (ראה משנה יומא ב, ז). אך על האילים והשעיר לא הקפידו אם משמרת תקריב אותם שני ימים ברציפות. יש לציין כי ביום השני יש משמרת אחת שתקריב פר אף שהקריבה אתמול, שכן יש ביום הראשון 13 פרים ובשני 12, שהם 25 פרים, והיו 24 משמרות (ריטב"א נה, ב).

אֶלָּא חוֹזְרִין חֲלִילָה – סדר ההקרבה הוא כמעגל שחוזר על עצמו, ומשמרת שהקריבה פר היום, תקריב מחר איל, שעיר או כבש, וביום שאחריו שוב פר, וכן על הסדר הזה. ונמצא שמתוך 24 משמרות הכהונה, 22 משמרות הקריבו שלוש פעמים פר, ושתי משמרות רק פעמיים.

ז **בִּשְׁלֹשָׁה פְּרָקִים בַּשָּׁנָה הָיוּ כָּל הַמִּשְׁמָרוֹת שָׁוִין בָּאֱמוּרֵי הָרְגָלִים וּבְחִלּוּק לֶחֶם הַפָּנִים.**

בָּעֲצֶרֶת אוֹמְרִים לוֹ: "הֵילָךְ מַצָּה, הֵילָךְ חָמֵץ".

מִשְׁמָר שֶׁזְּמַנּוֹ קָבוּעַ,
הוּא מַקְרִיב תְּמִידִין, נְדָרִים וּנְדָבוֹת, וּשְׁאָר קָרְבְּנוֹת צִבּוּר,
וּמַקְרִיב אֶת הַכֹּל.

יוֹם טוֹב הַסָּמוּךְ לַשַּׁבָּת, בֵּין מִלְּפָנֶיהָ בֵּין לְאַחֲרֶיהָ –
הָיוּ כָּל הַמִּשְׁמָרוֹת שָׁוִין בְּחִלּוּק לֶחֶם הַפָּנִים.

רבי עובדיה מברטנורה

בָּאֱמוּרֵי הָרְגָלִים. בְּמָה שֶׁאָמוּר בָּרְגָלִים, כְּלוֹמַר בְּקָרְבְּנוֹת הָאֲמוּרִים בָּרֶגֶל, **הָיוּ כָּל הַמִּשְׁמָרוֹת שָׁווֹת,** כְּגוֹן חָזֶה וְשׁוֹק שֶׁל שַׁלְמֵי חֲגִיגָה שֶׁל כָּל יָחִיד וְיָחִיד, וְעוֹלוֹת שֶׁל עוֹלַת רְאִיָּה וְשֶׁל מוּסְפֵי צִבּוּר וְשֶׁל שְׂעִירֵי חַטָּאוֹת: **וּבְחִלּוּק לֶחֶם הַפָּנִים.** כְּשֶׁאֵרַע שַׁבָּת בָּרֶגֶל. שֶׁבְּשַׁבָּת מְסַלְּקִין אוֹתוֹ וּמְסַדְּרִין אַחֵר, כִּדְכְתִיב (ויקרא כד, ח): "בְּיוֹם הַשַּׁבָּת יַעַרְכֶנּוּ": **וּבָעֲצֶרֶת.** כְּשֶׁאֵרַע בְּשַׁבָּת, וְיֵשׁ בּוֹ חִלּוּק חָמֵץ שֶׁל שְׁתֵּי הַלֶּחֶם וְחִלּוּק לֶחֶם הַפָּנִים, שֶׁהִיא מַצָּה, **אוֹמְרִים לוֹ,** לְכָל אֶחָד כְּשֶׁנּוֹתְנִים לוֹ חֶלְקוֹ בְּלֶחֶם הַפָּנִים: **"הֵילָךְ מַצָּה",** וּכְשֶׁנּוֹתְנִים לוֹ חֶלְקוֹ בִּשְׁתֵּי הַלֶּחֶם אוֹמְרִים לוֹ: **"הֵילָךְ חָמֵץ".** לְפִי שֶׁאֵין חוֹלְקִים קָרְבָּן כְּנֶגֶד קָרְבָּן, אֶלָּא מִכָּל קָרְבָּן – כָּל אֶחָד נוֹטֵל חֶלְקוֹ, כִּדְנָפְקָא לָן מִ"לְּכָל בְּנֵי אַהֲרֹן תִּהְיֶה אִישׁ כְּאָחִיו" (שם ז, י). לְפִיכָךְ, מוֹדִיעִין אוֹתוֹ שֶׁנּוֹתְנִים לוֹ חֶלְקוֹ בֵּין בְּחָמֵץ בֵּין בְּמַצָּה: **מִשְׁמָר שֶׁזְּמַנּוֹ קָבוּעַ.** לְשַׁמֵּשׁ בְּשַׁבָּת זוֹ שֶׁחָל הָרֶגֶל לִהְיוֹת בְּתוֹכָהּ: **מַקְרִיב תְּמִידִין.** שֶׁהֲרֵי אֵינָן בִּשְׁבִיל הָרֶגֶל: **נְדָרִים וּנְדָבוֹת.** שֶׁנָּדְרוּ וְנָדְבוּ כָּל הַשָּׁנָה וֶהֱבִיאוּם בָּרֶגֶל: **וְכָל קָרְבְּנוֹת צִבּוּר.** לַאֲתוּיֵי פַּר הֶעְלֵם דָּבָר שֶׁל צִבּוּר וּשְׂעִירֵי עֲבוֹדָה זָרָה, שֶׁשָּׁגְגוּ בֵּית דִּין וְטָעוּ בְּהוֹרָאָה וְעָשׂוּ רֹב הַקָּהָל עַל פִּיהֶם. וְאִם אֵרַע כֵּן בָּרֶגֶל – מִשְׁמָר שֶׁזְּמַנּוֹ קָבוּעַ מַקְרִיבִין אוֹתוֹ: **מַקְרִיב אֶת הַכֹּל.** לַאֲתוּיֵי קַיִץ הַמִּזְבֵּחַ, כְּשֶׁהוּא בָּטֵל, שֶׁכָּלְתָה הַקְרָבַת הַתָּמִיד וְאֵין מְבִיאִין שָׁם נֶדֶר אוֹ נְדָבָה, לוֹקְחִין מִמְּעוֹת הַמּוֹתָרוֹת מִשְּׁיָרֵי הַלִּשְׁכָּה וְקוֹנִין מֵהֶן קָרְבְּנוֹת עוֹלוֹת וּמַקְרִיבִין אוֹתָן, וְהֵן נִדְבַת צִבּוּר. וְאַף אֵלּוּ, אִם קָרְבוּ בָּרֶגֶל – מִשְׁמָר שֶׁזְּמַנּוֹ קָבוּעַ מַקְרִיב אוֹתָן: **בֵּין מִלְּפָנֶיהָ בֵּין לְאַחֲרֶיהָ.** אִם חָל יוֹם טוֹב לְאַחַר הַשַּׁבָּת, אַף עַל גַּב דְּלָא הָוָה לֵיהּ שַׁבָּת בְּתוֹךְ הֶחָג, אֲפִלּוּ הָכִי, הוֹאִיל וּצְרִיכִין לְהַקְדִּים בִּיאָתָן מֵעֶרֶב שַׁבָּת בִּשְׁבִיל יוֹם טוֹב, שֶׁהֲרֵי בְּשַׁבָּת לֹא יוּכְלוּ לָבֹא, חוֹלְקִים בְּלֶחֶם הַפָּנִים. וְכֵן אִם חָל שְׁמִינִי לְפָנֶיהָ בְּעֶרֶב שַׁבָּת, אַף עַל פִּי שֶׁאֵין הַשַּׁבָּת בְּתוֹךְ הֶחָג – חוֹלְקִים, הוֹאִיל וְלֹא יוּכְלוּ לָלֶכֶת:

כדרך שבחג הסוכות כל משמרות הכהונה עובדות בשווה, כך גם בשאר הרגלים, והמשנה מתארת כיצד חילקו את העבודה בשאר החגים.

בִּשְׁלֹשָׁה פְּרָקִים בַּשָּׁנָה – בשלושת הרגלים, **הָיוּ כָּל הַמִּשְׁמָרוֹת שָׁוִין בְּאֵמוּרֵי הָרְגָלִים וּבְחִלּוּק לֶחֶם הַפָּנִים** – היו מתחלקים בשווה בבשר קרבנות הרגל ובשתים עשרה החלות של לחם הפנים, שזמן חילוקן הוא בשבת, ודווקא חילוקו היה שווה בכל המשמרות, אך עבודתו הייתה של המשמר הקבוע (תוספתא ד, כא).

בָּעֲצֶרֶת אוֹמְרִים לוֹ: "הֵילָךְ מַצָּה, הֵילָךְ חָמֵץ" – אם עצרת חלה בשבת, כל משמר מקבל חלק גם מלחם הפנים "מצה" [חצי חלה מתוך 12 חלות, כמבואר בתוספתא ד, כב], וגם משתי הלחם "חמץ" [מחלקים שתי חלות ל-24 חלקים], ואין לחלק למשמר אחד חלק מצה גדול ולמשמר אחר חלק חמץ גדול, אלא כל משמר צריך לקבל גם חמץ וגם מצה.

אמנם כל המשמרות היו עולות לירושלים לעבודה, אך החלוקה השווה הייתה דווקא בקרבנות המיוחדים לרגל, ולכן **מִשְׁמָר שֶׁזְּמַנּוֹ קָבוּעַ** – המשמר שזמנו נקבע לזמן הרגל, **הוּא מַקְרִיב תְּמִידִין** – שהרי באים בכל יום ולא מחמת הרגל, **נְדָרִים וּנְדָבוֹת** – שאנשים נדרו במשך כל השנה והביאו ברגל, **וּשְׁאָר קָרְבְּנוֹת צִבּוּר** – שלא באו מחמת הרגל, **וּמַקְרִיב אֶת הַכֹּל** – כגון 'קַיִץ המזבח', קרבנות שהיו מביאים במקרה שלא היו קרבנות אחרים, וכדי שהמזבח לא יהיה בלא קרבן.

יוֹם טוֹב הַסָּמוּךְ לַשַּׁבָּת, בֵּין מִלְּפָנֶיהָ בֵּין לְאַחֲרֶיהָ, הָיוּ כָּל הַמִּשְׁמָרוֹת שָׁוִין בְּחִלּוּק לֶחֶם הַפָּנִים – שכיוון שהמשמרות הגיעו לירושלים קודם הרגל או התעכבו שם אחריו בגלל הרגל, זכו בחלק של לחם הפנים, המתחלק בשבת.

ח חָל לִהְיוֹת יוֹם אֶחָד לְהַפְסִיק בְּנְתַּיִם –
מִשְׁמָר שֶׁזְּמַנּוֹ קָבוּעַ, הָיָה נוֹטֵל עֶשֶׂר חַלּוֹת,
וְהַמִּתְעַכֵּב נוֹטֵל שְׁתַּיִם.

וּבִשְׁאָר יְמוֹת הַשָּׁנָה –
הַנִּכְנָס נוֹטֵל שֵׁשׁ, וְהַיּוֹצֵא נוֹטֵל שֵׁשׁ.

רַבִּי יְהוּדָה אוֹמֵר:
הַנִּכְנָס נוֹטֵל שֶׁבַע, וְהַיּוֹצֵא נוֹטֵל חָמֵשׁ.

הַנִּכְנָסִין חוֹלְקִין בַּצָּפוֹן, וְהַיּוֹצְאִין בַּדָּרוֹם.

בִּלְגָּה לְעוֹלָם חוֹלֶקֶת בַּדָּרוֹם,
וְטַבַּעְתָּהּ קְבוּעָה, וְחַלּוֹנָהּ סְתוּמָה.

רבי עובדיה מברטנורה

חָל לִהְיוֹת יוֹם אֶחָד לְהַפְסִיק בִּנְתַּיִם. כְּגוֹן שֶׁחָל יוֹם טוֹב רִאשׁוֹן בְּשֵׁנִי בְּשַׁבָּת, שֶׁהָיוּ יְכוֹלִים לָבֹא בְּאֶחָד בְּשַׁבָּת, וְהֵן קָדְמוּ וּבָאוּ מֵעֶרֶב שַׁבָּת. אוֹ שֶׁחָל יוֹם טוֹב הָאַחֲרוֹן בַּחֲמִישִׁי בְּשַׁבָּת, שֶׁהָיוּ יְכוֹלִין לֵילֵךְ בְּעֶרֶב שַׁבָּת, וְנִתְעַכְּבוּ שָׁם בְּשַׁבָּת. כָּל הַמִּשְׁמָרוֹת שֶׁנִּתְעַכְּבוּ שָׁם אֵין נוֹטְלִין אֶלָּא שְׁנֵי חַלּוֹת: **וּמִשְׁמָר שֶׁזְּמַנּוֹ קָבוּעַ, נוֹטֵל עֶשֶׂר.** וְחוֹלְקִין אוֹתָן בֵּין מִשְׁמָר הַנִּכְנָס וּבֵין מִשְׁמָר הַיּוֹצֵא, כְּדֶרֶךְ כָּל שַׁבְּתוֹת הַשָּׁנָה: **הַנִּכְנָס נוֹטֵל שֵׁשׁ כו'.** שֶׁהַמִּשְׁמָרוֹת מִתְחַלְּפוֹת בְּשַׁבָּת, זוֹ עוֹבֶדֶת שַׁחֲרִית וְזוֹ עוֹבֶדֶת עַרְבִית: **הַנִּכְנָס נוֹטֵל שֶׁבַע.** נוֹטְלִים שְׁתֵּי חַלּוֹת יְתֵרוֹת בִּשְׂכַר הַגָּפַת דְּלָתוֹת, שֶׁהֵם נוֹעֲלִים הַדְּלָתוֹת שֶׁפָּתְחוּ הַמִּשְׁמָר הַיּוֹצֵא בַּשַּׁחַר. וְאֵין הֲלָכָה כְּרַבִּי יְהוּדָה: **הַנִּכְנָסִים חוֹלְקִים** בֵּינֵיהֶן לֶחֶם הַמַּגִּיעַ לְחֶלְקָם: **בַּצָּפוֹן.** כְּדֵי שֶׁיֵּרָאֶה לַכֹּל שֶׁהֵן נִכְנָסִין, שֶׁהַצָּפוֹן עִקָּר, שֶׁהִיא קְבוּעָה לִשְׁחִיטַת קָדְשֵׁי קָדָשִׁים: **וְהַיּוֹצְאִים** חוֹלְקִים **בַּדָּרוֹם.** כְּדֵי שֶׁיֵּרָאֶה שֶׁהֵם יוֹצְאִים וְהוֹלְכִים לָהֶם, לְפִיכָךְ שִׁנּוּ מְקוֹמָן אֵצֶל רוּחַ שֶׁאֵינוֹ עִקָּר: **בִּלְגָּה.** שֵׁם הַמִּשְׁמָרָה: **לְעוֹלָם חוֹלֶקֶת בַּדָּרוֹם.** וַאֲפִלּוּ כְּשֶׁהִיא נִכְנֶסֶת, קְנָסָא הוּא שֶׁקְּנָסוּהָ: **וְטַבַּעְתָּהּ קְבוּעָה.** עֶשְׂרִים וְאַרְבַּע טַבָּעוֹת הָיוּ בָּעֲזָרָה בִּמְקוֹם הַמִּטְבָּחַיִם, לְעֶשְׂרִים וְאַרְבַּע מִשְׁמְרוֹת כְּהֻנָּה. וְטַבָּעוֹת שֶׁל כָּל הַמִּשְׁמָרוֹת פְּתוּחוֹת צַד אֶחָד, וְהוֹפְכָהּ לְמַעְלָה וּמַכְנִיס צַוַּאר הַבְּהֵמָה לְתוֹכָהּ, וְחוֹזֵר וְהוֹפֵךְ פִּתְחָהּ לְמַטָּה לְתוֹךְ הָרִצְפָּה. וְטַבַּעַת שֶׁל בִּלְגָּה קְבוּעָה וְאֵינָהּ נֶהֱפֶכֶת, וּצְרִיכָה לְהִשְׁתַּמֵּשׁ בְּשֶׁל אֲחֵרִים, וּגְנַאי הוּא לָהּ: **וְחַלּוֹנָהּ סְתוּמָה.** חַלּוֹנוֹת הָיוּ בְּלִשְׁכַּת הַחֲלִיפוֹת, שֶׁשָּׁם גּוֹנְזִין אֶת סַכִּינֵיהֶם. וְחַלּוֹן שֶׁל מִשְׁמֶרֶת בִּלְגָּה הָיְתָה סְתוּמָה, דִּקְנָסוּהָ רַבָּנַן מִשּׁוּם מַעֲשֶׂה שֶׁהָיָה, שֶׁאִשָּׁה אַחַת מִמִּשְׁמֶרֶת בִּלְגָּה, וּמִרְיָם בַּת בִּלְגָּה שְׁמָהּ, נִשְׁתַּמְּדָה וְנִשֵּׂאת לְסַרְדְּיוֹט אֶחָד מִמַּלְכֵי יְוָנִים, וּכְשֶׁנִּכְנְסוּ יְוָנִים לַהֵיכָל, הָלְכָה וְטָפְחָה בְּסַנְדָּל עַל גַּבֵּי הַמִּזְבֵּחַ וְאָמְרָה: 'לוּקוֹס, לוּקוֹס [פֵּרוּשׁ: זְאֵב, זְאֵב, בִּלְשׁוֹן יְוָנִי] עַד מָתַי אַתָּה מְכַלֶּה מָמוֹנָן שֶׁל יִשְׂרָאֵל וְאֵין אַתָּה עוֹמֵד לָהֶן בִּשְׁעַת דָּחְקָן?'. וּכְשֶׁשָּׁמְעוּ חֲכָמִים בְּדָבָר זֶה – קָבְעוּ אֶת טַבַּעְתָּהּ וְסָתְמוּ אֶת חַלּוֹנָהּ שֶׁל כָּל הַמִּשְׁמֶרֶת כֻּלָּהּ, כִּי אָמְרוּ: אִם לֹא שֶׁשָּׁמְעָה מֵאָבִיהָ שֶׁהָיָה מְבַזֶּה אֶת הָעֲבוֹדָה – לֹא אָמְרָה כֵּן. וּבִשְׁבִיל אָבִיהָ קָנְסוּ כָּל הַמִּשְׁפָּחָה, דְּ'אוֹי לָרָשָׁע וְאוֹי לִשְׁכֵנוֹ, טוֹב לַצַּדִּיק וְטוֹב לִשְׁכֵנוֹ':

גם משנה זו מתארת כיצד נהגו בזמן שהמשמרות היו מתחלפות.

חָל לִהְיוֹת יוֹם אֶחָד לְהַפְסִיק בִּנְתַּיִם – אם בין הרגל לשבת הפסיק יום אחד, היו משמרות שהיו מתעכבות או מקדימות מפני שגרו רחוק מירושלים, ותיקנו להם חלק בחלות, אך לא חלק שווה כמו ברגלים.

מִשְׁמָר שֶׁזְּמַנּוֹ קָבוּעַ, הָיָה נוֹטֵל עֶשֶׂר חַלּוֹת, וְהַמִּתְעַכֵּב נוֹטֵל שְׁתַּיִם – המשמר הנכנס היה מתחלק עם המשמר היוצא בעשר חלות, ואת שתי החלות שנשארו חילקו למשמר שנשאר בירושלים לכבוד הרגל.

וּבִשְׁאָר יְמוֹת הַשָּׁנָה – חילופי המשמרות היה בשבת לאחר הקרבת המוספים, וזה גם הזמן שמחליפים את החלות של לחם הפנים, ואוכלים את החלות הישנות, **הַנִּכְנָס נוֹטֵל שֵׁשׁ, וְהַיּוֹצֵא נוֹטֵל שֵׁשׁ** – החלוקה הייתה שווה.

רַבִּי יְהוּדָה אוֹמֵר: הַנִּכְנָס נוֹטֵל שֶׁבַע, וְהַיּוֹצֵא נוֹטֵל חָמֵשׁ – לדעת רבי יהודה המשמר הנכנס מקבל חלה נוספת בשכר נעילת הדלתות שינעלו בערב. ואף שבשבוע שלאחר מכן יקבלו חמש חלות - רבי יהודה סובר שאדם מעדיף לקבל עכשיו מנה גדולה אף שיודע שבהמשך יקבל מנה קטנה.

הַנִּכְנָסִין – כוהני המשמרת החדשה, **חוֹלְקִין** – את החלות של לחם הפנים **בַּצָּפוֹן** – שהוא מקום שחיטת קודשי קודשים, שהיא עיקר העבודה במקדש (תוספתא ד, כה), ועשו כן כדי להראות שזהו המשמר שיעבוד השבוע, **וְהַיּוֹצְאִין** חולקים את החלות **בַּדָּרוֹם** – כדי להראות שהם סיימו לעבוד.

המשמרת של **בִּלְגָּה לְעוֹלָם חוֹלֶקֶת בַּדָּרוֹם** – וזהו עונש על שזלזלה בעבודת המקדש.

וְטַבַּעְתָּהּ של משמרת בלגה **קְבוּעָה** – מצפון למזבח היו 24 טבעות שהיו מכניסים לתוכן את הבהמות לפני השחיטה, והטבעות היו חלולות, וטבעת בלגה הייתה סתומה, והיו צריכים להשתמש בטבעות של משמרות אחרות.

וְחַלּוֹנָהּ של בלגה **סְתוּמָה** – מצפון להיכל היה מקום שבו שמרו את סכיני השחיטה (משנה מדות ד, ז), וקנסו את משמרת בלגה שהחלון שלה יהיה סתום, והם היו צריכים להשתמש בסכינים של משמרות אחרות. ויש בעונשים האלה מידה כנגד מידה, הם זלזלו בעבודת המקדש, ולכן לא יעבדו כמו כולם, אך לא רצו לבטל כליל את עבודתם, מפני שהם לא ביטלו את העבודה אלא רק זלזלו בה.

ויהי רצון שייבנה המקדש ותשוב העבודה במהרה ונזכה לקיים את מצוות החג בשלמות.